天台心鑰

教觀綱宗貫註

聖嚴法師◎著

修正版自序

本書出版之後，便在台灣，造成了一股小小的天台熱潮，不但在法鼓山體系內，出現了弘講與研讀的風氣，也獲得了「中山學術著作獎」。

這對我個人而言，當然是一項鼓勵；更重要的是，天台學乃爲漢傳佛學的標竿，能受到重視，便是象徵著漢傳佛教的希望，這正是我撰寫本書的主要動機。

本書出版後，我也親自爲法鼓山體系內數十位堪任講師的僧俗弟子，提綱挈領式地在山上分成兩個段落，介紹過一遍，因此也發現了尚有不少錯漏。唯以我年邁力衰，不能多用頭腦，尤其工作太多，法務繁重，一時間無暇著手修正。

幸虧有一位參加本書讀書會的吳振華居士，他很細心，也很有心，花了兩三個月時間，代我勤查相關資料，作了數十處調正，一一經我認可，便是現在的面貌。我除了感謝吳居士之外，一并在此謹向讀者們報告這個修正版的始末因緣。

聖嚴

二〇〇三年八月六日聖嚴寫於法鼓山

自序

我不是天台學專家，但以我的碩士論文是研究大乘止觀法門，其著者是天台智者大師的師父慧思禪師。我的博士論文是寫明末蕅益大師智旭，他雖自稱不是天台宗的徒裔，卻被後世佛教學者們認爲是中國天台學的最後一位專家。因此，我當然必須研讀天台學的重要著述。尤其是從一九七六年以來，我在東西方，多以中國的禪法接引並指導廣大的信衆們自利利人，淨化人心、淨化社會，也使我需要假重天台的止觀。

天台學在中國幾乎代表了佛教的義理研究，它的組織綿密，次第分明，脈絡清晰，故被視爲「教下」，與禪宗被稱爲「宗門」而相拮抗，蘭菊競美，蔚爲波瀾壯闊，具有中國佛教特色的一大學派。在日本，也以天台宗爲主流而發展出天台密教及日蓮宗，又由日蓮宗而延伸出不少新的日本佛教教派。可知天台學對於中日兩國佛教的影響是無與倫比的。

天台大師所遺的著作，不僅數量龐大，也是一門非常謹嚴而又極其豐富的學問，雖然已有章安的《八教大意》，諦觀的《四教儀》，智旭的《教觀綱宗》等幾部天台學的綱要書，但由於都很簡略，若非對於天台學有相當程度的深入認識，是很難領知其綱要而瞭解到天台學的智慧及其功能。有些近人所寫的天台要義及零星的論文以及專題論著，也都無法滿足天台學普及化的需求。所以天台學作爲實踐與實用的書籍而言，顯得相當寂寞！

我曾在陽明山中國文化學院，爲哲研所及佛研所開過天台學的課，也指導過研究生撰寫有關天台學的畢業論文，尤其我比較熟悉《教觀綱宗》，所以曾在農禪寺爲僧俗四衆講過《教觀綱宗》。《教觀綱宗》對我有相當大的影響，尤其是它的組織架構及思想體系，書中一開頭就開宗明義地說：「佛祖之要，教觀而已，觀非教不正，教非觀不傳。」所謂教觀，便是義理的指導以及禪觀的修證，也就是「從禪出教」與「藉教悟宗」的一體兩面，相互資成。

可知，《教觀綱宗》除了重視天台學的五時八教，也重視以觀法配合五時八教的修證行位及道品次第。如果不明天台學的教觀軌則，就可能造成兩種跛腳型態的佛教徒：1.若僅專修禪觀而不重視教義者，便會成為以凡濫聖、增上慢型的暗證禪師，略有小小的身心反應，便認為已經大徹大悟。2.若僅專研義理而忽略了禪觀實修，便會成為說食數寶型的文字法師，光點菜單，不嚐菜味，算數他家寶，自無半毫分。如果他們滿口都是明心見性、頓悟成佛，並稱自修自悟自作證者，便被稱為野狐禪。

《教觀綱宗》一書，為我們重點性地介紹了天台學的理論和方法，例如五時的通別、八教的教儀及教法、一念三千、一心三觀、三身四土、六即菩提、十乘觀法、行位的前後相接相望等。縱橫全書，教不離觀，觀必合教，充分展示了天台學的獨家之說，而又整合了大小諸乘的各家之言。透過本書，可認識天台學的大綱；透過天台學，可領會全部佛法的組織體系及實踐步驟。

可惜像《教觀綱宗》這樣精簡扼要的天台典籍，也必須有人講解註釋；惟其歷來中日各家的有關諸書，依舊不適合現代人的理解運用，比較可取的是靜修的《教觀綱宗科釋》，然亦是用文言文撰寫，且其缺少現代治學的方法，雖可以從中見到若干資料，卻又很不容易眉目分明地找出頭緒，所引資料，只提書名而不標明卷數，甚至僅說某大師曰怎麼怎麼，而不告知讀者出於何書。但是對我而言，已是很大的幫助。另有兩三種近人的白話譯本及註釋本，大概它們的作者太忙了，以致無暇檢索考查《教觀綱宗》所用資料的原典原文的原來意趣，讓那些讀不懂旭師原作的讀者們，還是看不太懂。

因此，我便發願，要寫一冊讓自己看懂，也能讓廣大讀者們分享天台學智慧的書。故從二〇〇〇年夏天開始找尋資料，並連續地精讀《教觀綱宗》，確定我已眞的掌握到旭師撰著此書的用心以及天台學的脈絡，即於同年十月下旬，寓居紐約象岡期間，著手撰寫本書。由於體力太弱，兩個月間，僅完成第一章緒論的部分。回到台灣後，已無暇執筆，至今年五月初，我又到了紐約，在衰老病痛之中，於主持兩個爲期十四天的禪修以及許多其他法務行政工作之餘，鍥而不捨地忙中抽空，提筆寫出一頁、兩頁，有幾度由於勞累，加上氣候變化，使我胸悶氣虛，頭暈目眩，總以爲大概已無法寫得完了；每每略事休息，再向觀音菩薩乞願，助我寫畢此書。到了六月二十八日，終於寫完了初稿。

我很感恩蕅益智旭大師，因爲他的《教觀綱宗》，讓我認眞地在天台大師及其相關的諸書之中，旅行了一趟，雖然往往爲了查對某一資料的原典出處，就像大海撈針似地翻閱《大正藏經》；聽說現在已有《大正藏經》的電腦光碟片索引，只消一按鍵盤，就能得心應手，要什麼就有什麼，省了很多死工夫，而我尚未學會這手本領，所以還得像古人一樣的吃足苦頭。

本書可以作爲讀者們自學之用，也可作爲教學講授之用，唯亦須付出一點耐心，先看目次，次閱已經我分段標點的原著《教觀綱宗》，再看我的語譯及註釋，在有附圖之處，宜文圖對照著讀，始可一目瞭然。看完第一遍，宜連續再看兩遍，便能將天台學的教觀綱格及其內涵，有一個具體而明確的認識。我的註釋，往往就是一篇獨立的短論，可幫助讀者省了不少再去打破沙鍋問到底的死力氣。

漢傳佛教的智慧，若以實修的廣大影響而言，當推禪宗爲其巨擘；若以教觀義理的深入影響來說，則捨天台學便不能作第二家想。近半個世紀以來，漢傳佛教的教乘及宗乘，少有偉大的善知識出世，以致許多淺學的佛教徒們，便以爲漢傳佛教已經沒有前途，這對漢傳佛教兩千年來，許多大師們所遺留給我們的智慧寶藏而言，實在是最大的憾事，更是人類文化的重大損失！我則深信，今後的世界佛教，當以具有包容性及消融性的漢傳佛教爲主流，才能結合各宗異見，回歸佛陀本懷，推出全人類共同需要的佛教來。否則的話，任何偏狹和優越感的佛教教派，都無法帶來世界佛教前瞻性和將來性的希望。

這也正是我要弘揚天台學的目的，我不是希望大家都成爲天台學的子孫，而是像天台思想這樣的包容性、消融性、系統性、教觀並重的實用性，確是有待後起的佛弟子們繼續努力的一種模範。此書所以名爲《天台心鑰》，就是因爲天台學確是漢傳佛教的寶藏，只是被遺忘了。正如《法華經・信解品》云：「今此寶藏自然而至。」又云：「汝等當有如來知見寶藏之分。」〈五百弟子受記品〉再說：「供養諸如來，護持法寶藏。」我身爲漢僧，宜有護持漢傳佛教寶藏的責任。

謝謝已故關口眞大博士的校訂《天台四教儀》，特別是該書的附圖，爲本書的撰寫提供了不少便利，同時在本書的十八幅附圖中，有七幅是取自該書。果暉爲我在東京找資料，姚世莊爲此書電腦打字，法鼓文化諸工作人員爲本書編輯出版，一併在此致謝。

二〇〇一年七月五日聖嚴寫於東初禪寺

目錄　教觀綱宗貫註

化法四教

附錄

緒論

一、天台教觀及《教觀綱宗》

《教觀綱宗》是明末蕅益智旭（西元一五九九年—一六五五年）的名著之一，明末以後的中日諸家學者，一致以為他是天台宗的大師，根據我寫博士論文時的研究，他雖重視天台教觀，卻非天台學派的子孫，乃是以《梵網經》為其中心思想的戒律主義者，在修證方面是以《楞嚴經》為其中心的淨土行者。天台教觀是他的研究工具，也是他判攝釋迦一代時教的依據。

因為佛經的數量龐雜，層次衆多，必須要有一種合理的分類方法。在每一層次的教義經典之中，亦均有其調心、攝心、明心、發慧的實踐方法，那就是所謂觀行。天台教觀，便是教義與觀行並重、理論與實修雙運，兩者互資互用，如鳥之兩翼，如車之雙軌，講得最為細膩，故也最受蕅益大師所服膺。

不過旭師既非天台宗徒，也不會墨守成規，他寫《教觀綱宗》，固然是為使初學者，能對天台教觀，有提綱挈領、一目瞭然的正確認識，同時也為表示對高麗沙門諦觀所錄《天台四教儀》的不滿，故於《靈峰宗論》卷六有云：「四教儀出而台宗晦」！尤其對於元朝的元粹述《四教儀備釋》卷上及蒙潤著《四教儀集註》卷一等，所引荊溪湛然的〈五時頌〉云：「阿含十二方等八，二十二年般若談，法華涅槃共八年，華嚴最初三七日」的別五時的分判法，極表反感，故於《教觀綱宗》「通別五時論」的章目中，對之提出強烈的批判，斥爲「妄說」，認爲此非智者及章安之見。

因爲旭師是學貫大小乘諸系佛法的大通家，所以不會偏於天台一家之說，與其說《教觀綱宗》是介紹天台學，寧可說他是以介紹天台教觀來讓讀者認識整體佛法的綱骨。也可以說，《教觀綱宗》是明末時代的新天台學，是中國天台學派的最後一部名著，旭師自己爲之撰寫《釋義》一卷計四十條目，之後迄今仍被傳誦講解，註釋傳世者有默庵的《釋義記》、諦閑的《講錄》、靜修的《科釋》；在日本的註釋更多，自十八世紀以降，有行謙的《釋義講錄》、慧雲的《釋義則解》、德義的《贅言》、守脫大寶的《釋義會本講錄》、高覺的《略解》等。可知旭師的《教觀綱宗》及其《釋義》兩書，一直都受到中日兩國天台學者的研究與弘傳。

依據當代台灣的天台學者慧嶽法師在《教觀綱宗釋義記》、《講錄》、《科釋》三書合刊的概說中，言及旭師此書的特色，是不偏執五時的定說；針對化儀四教，也具頓、漸、不定的三觀；化法四教也各立六即；且將四諦、十二因緣、六度，各各配置於藏、通、別、圓四教的位次。這些便是天台教學史上的新境界。

二、大乘佛教的教判源流

要明天台教觀，宜知教相判攝，因爲當在佛教思想史、佛教聖典成立史的學術觀點尚未出現之前，古代的佛教學者們，面對著數量龐雜、層次衆多的經典內容及其性質，必須有其合理而完整的解釋，否則，同屬於佛陀所說的經典，豈會有高下出入而不一致的許多層次。天台宗智者大師（五三八—五九七年）的五時八教判，華嚴宗法藏大師（六四三—七一二年）的五教十宗判，乃是中國佛教思想史上最著成就的例子。

迄於一九二一年，太虛大師沿用《起信論》、《楞嚴經》所說眞如如來藏的中國佛學，成立法性空慧宗、法相唯識宗、法界圓覺宗的大乘三系說，而以法界圓覺宗爲最高，主張八宗皆圓，倡導大乘平等。到一九四一年，他的學生印順法師，沿用《阿含經》、《中觀論》，回歸緣起性空的印度佛學，成立性空唯名論、虛妄唯識論、眞常唯心論的大乘三系說。

此師生二人，都是近代中國佛教思想史的巨人，所標示的兩種大乘三系說，粗看似相近，其實大大的不同。太虛是以中國佛學爲本位，並且肯定眞如如來藏的最高地位，印順則以印度佛學爲本位，並且貶抑眞如如來藏，肯定以緣起性空爲佛教的根本思想。

在根本佛教的時代，並無教判的需要，到了初期大乘佛教以來的聖典中，爲了處理小乘教及大乘次第教和圓頓教的問題，便有了教判。

教判的原始資料，可從下列諸經得到訊息：1.《法華經》以三草二木，喻凡聖五乘，歸一佛乘。2.《楞伽經》的頓與漸。3.《華嚴經》的日出先照諸大山王的大菩薩衆，次照緣覺、聲聞，次照決定善根衆生，然後普照一切衆生，乃至邪定等各種根性。4.《涅槃經》的乳、酪、生酥、熟酥、醍醐之五味，喻五個時段的教法。5.《解深密經》的有、空、中道等三時。

大乘論典及論師之中，則有：1.《大智度論》的「三藏、摩訶衍、顯露、祕密」之分類法。2.《十住毘婆沙論》有難行道及易行道的分類法。3.戒賢立有、空、中之三時教。智光立「心境俱有」之小乘教、「境空心有」之法相大乘教、「心境俱空」之無相大乘教等三時教。

到了中國，1.首有東晉時代的鳩摩羅什，依據《維摩詰經》的「佛以一音演說法，衆生隨類各得解」而唱一音教。2.羅什的弟子慧觀，唱出二教五時，二教是指頓（《華嚴經》）與漸（餘諸經），五時是指漸教分作有相教（小乘）又名三乘別教、無相教（般若）又名三乘通教、抑揚教（《維摩》、《思益》等經）、同歸教（《法華經》）、常住教（《涅槃經》）。3.以慧觀的教判爲基礎，開出江南的三家；江北也開出七家，合稱爲當時的「南三北七」。

江南三家以頓教（《華嚴經》）、漸教（《小乘經》乃至《般若經》）、不定教（《勝鬘經》、《金光明經》）的三教判爲主：1.虎丘山（有寫成「武丘山」）的岌法師，將漸教立爲有相（小乘）、無相（般若）、常住（涅槃）的三時教。2.宗愛法師，將漸教立爲有相（小乘）、無相（般若）、同歸（法華）、常住（涅槃）的四時教。3.僧柔、慧次、智藏、法雲諸師立五時教，同於慧觀法師。

江北的七家：1.晉武都山隱士劉虬，立人天（五戒十善）、有相（三乘教）、無相（空宗的般若等）、同歸（法華）、常住（涅槃）的五時教。2.菩提流支，立半字、滿字等二教。3.光統律師，立因緣宗（毘曇）、假名宗（《成實論》）、誑相宗（《大品般若》及三論）、常宗（《涅槃經》、《華嚴經》），稱爲四宗教。4.有師立因緣、假名、誑相、常（《涅槃經》）、法界（《華嚴經》），稱爲五宗教。5.有人立因緣、假名、誑相、常宗（《華嚴經》）、眞宗（《法華經》）、圓宗（《大集經》），稱爲六宗教。6.有北地禪師立有相及無相的二種大乘教。7.有北方的禪師說一音教，此與羅什所說的以一圓音說法不同，乃指如來一音，大小並陳。

羅什的另一弟子道生，有四種法輪之說：1.善淨法輪（《小乘經》），2.方便法輪（《般若經》），3.眞實法輪（《法華經》），4.無餘法輪（《涅槃經》）。

南北朝時代的判教風氣，特別殊勝，被形容爲蘭菊競美，例如：1.梁之僧旻，在慧觀的有相教中，別出人天教；無相教中，加入《維摩》、《思益》等經。2.濟法師，立四時教，第一時《阿含經》，第二時《般若》、《維摩》、《思益》、《法鼓》、《楞伽》等經，第三時《法華經》，第四時《涅槃經》。3.光宅寺法雲，依《法華經》，立羊車、鹿車、牛車、大白牛車的四乘。4.護身寺的自軌，立五宗：因緣、假名、不眞、眞實（《涅槃經》）、法界（《華嚴經》）。

到了隋朝，便有天台宗的智顗大師，立五時八教；三論宗的吉藏大師，立聲聞藏與菩薩藏，又於菩薩藏中開三法輪：1.根本法輪，是《華嚴經》的一因一果法門。2.枝末法輪，是《法華經》以前的三乘法門。3.攝末歸本法輪，是《法華經》的會三乘歸一乘的法門。

法相宗的唐玄奘大師，依《解深密經》及《金光明經》等，立三法輪：1.轉法輪，是《阿含經》。2.照法輪，是《般若經》。3.持法輪，是《解深密經》等，說三性及眞如不空之理的經典。

華嚴宗的法藏大師，立五教十宗，五教是小乘教及大乘教的分判，除小乘教外，大乘則有始教、終教、頓教、圓教。十宗的前六宗是小乘各部派，後四宗則配五教中的大乘四教。

其實，教判的思想，到了天台智顗大師時代，已經相當圓熟。當他研究了南北朝時代的諸家教判之後，便樹立了天台宗自家的五時八教。五時是華嚴時、阿含時、方等時、般若時、法華涅槃時；八教是頓、漸、祕密、不定的化儀四教，以及藏、通、別、圓的化法四教。這就是《教觀綱宗》所要介紹的內容了。

三、天台教觀的濫觴

天台學是以《法華經》爲根本聖典，其大成者，當然是被尊稱爲天台大師及智者大師的智顗禪師，但是在智者大師之前，自西晉時代的竺法護譯出《正法華經》以降，弘揚《法華經》的學者如法雲等，便陸續出現。尤其在東晉時代鳩摩羅什譯出《妙法蓮華經》之後，其弟子僧叡便奉師命，講此經，立九轍，而被稱爲「九轍法師」，並作〈法華經後序〉，此外有慧觀、道生、曇影、劉虬、智藏等，均撰有《法華經》的註疏。

天台教學的形成，是從北齊時代的慧文禪師開始，他研究《大智度論》，見到卷二十七的三智「一心中得」的論文，所謂「一心」，是衆生皆可完成的清淨心，所謂「三智」，是「以道智具足一切智，以一切智具足一切種智，以一切種智斷煩惱習。」他又從《中論》〈觀四諦品〉見到一偈：「衆因緣生法，我說即是空，亦爲是假名，亦是中道義。」論偈的空、假、中，本係指的衆因緣生法的本性是空，只有假名，即是中道。但是被慧文禪師配以「一心」，便成即空、即假、即中的所謂「一心三觀」。這便完成了教理與禪觀結合的雛型，此即形成了解行雙資、教觀兼備的特色。由於慧文禪師不僅重視教理的探索，更是一位重視禪觀實踐的禪者，因此將羅什所傳龍樹學的《大智度論》與《中論》的空思想，由消極的實相論，轉化爲積極的實相論。

慧文禪師的弟子慧思禪師，稟承乃師的風格，禪慧雙弘，在其所著《諸法無諍三昧法門》卷上，批評散心讀經的法師、亂心多聞的論師、不近善知識不聞正知見的禪師，不是身不證法，便是不解言解、未證言證，以四禪爲四果，因此，那些文字法師及暗證禪師，命終之後，皆墮地獄。原因便是未能教觀兼備，以致若非輕忽禪定，便是輕慢教法。這種教觀並重的思想，對於此後智者大師開創天台學派的影響，是非常深遠的。

慧思禪師留下的著作，都極精彩，除了上舉《諸法無諍三昧法門》，尚有《隨自意三昧》、《大乘止觀法門》、《法華經安樂行義》、《南嶽思大禪師立誓願文》。由其內容可知，他既是飽讀經論的法師，更是重視禪觀的禪師，他的老師慧文禪師，雖從龍樹的二論，啓發了三智一心中得及一心三觀的思想，他自己的立足點卻不是中觀哲學，而是如來藏系的《法華經》，也就是實相無相的法門。他有兩書講三昧，一書論止觀，又用《法華經》的四安樂行，說出法華三昧，這對智者大師的《摩訶止觀》所明四種三昧，也有決定性的影響。

所謂四種三昧：1.常坐三昧，亦名一行三昧。2.常行三昧，亦名般舟三昧。3.半行半坐三昧，即是七日爲一期的方等三昧，三七日爲一期的法華三昧。4.非行非坐三昧，即是隨自意三昧，也是四十九日爲一期的請觀音三昧，三七日爲一期的大悲三昧。然於慧思禪師，已經說到半行半坐的法華三昧，非行非坐的隨自意三昧。至於常坐三昧是傳統的禪者們所通用，是依據《文殊師利所說般若波羅蜜經》，名爲一行三昧。常行三昧，是修阿彌陀佛持名念佛法門的行者所用，依據《般舟（佛立）三昧經》。智者大師是將傳自印度的兩種，加上慧思禪師所提出的兩種，整理後合稱四種三昧。特別是其中的隨自意的非行非坐三昧，是將禪修的一心三觀之法，用於日常生活，此於中國的大乘禪觀，是一大突破性的新發展，對於此後禪宗所說「道在平常日用中」，乃是先驅思想。

四、天台宗所依的經論

從天台教學的中心思想而言，毫無疑問是依《妙法蓮華經》爲主體，所以所謂智者大師的天台三大部，便是《法華玄義》、《法華文句》、《摩訶止觀》，以《法華經》爲其骨幹，發揮天台思想，在闡釋義理時，兼論觀心法門，在論述觀心中，不忘發明義理，也就是有教必有觀，論觀不捨教的教觀並重。

除了是以《法華經》爲天台學的根本聖典之外，也引用了《大品般若經》來闡明徹底的空觀，依《瓔珞本業經》卷上的從假入空的二諦觀、從空入假的平等觀，以此方便道的二空觀，得入中道第一義觀的三觀思想，建立一心三觀的理論，正好亦與《中觀論》的空假中三觀結合；天台宗亦依此經卷上，確立別教五十二個菩薩行位，那就是十信、十住、十行、十迴向、十地、入法界心的等覺地、寂滅心的妙覺地成佛。

又依《華嚴經・梵行品》：「初發心時，便成正覺」的經句，建立天台宗圓教初住斷無明而成佛的理論基礎。

《大涅槃經》的五味說，是天台宗五時說的主要依據，該經的扶律談常法門，乃是天台學派的圓教戒律觀及實相論的依據。

此外，在天台諸師著述之中，所徵引的經論，重要者有《維摩詰經》、《金光明經》、《觀無量壽佛經》、《梵網經》，以及《大智度論》、《中論》、《寶性論》、《大乘起信論》等。也可以說，天台教觀的思想淵源，是以如來藏系的《法華經》爲根本，其他經論爲補助，龍樹的《大智度論》及《中論》是其工具而非主體。以《法華經》是諸經中王，攝末歸本，會三歸一，涵蓋一切經論的如來一代時教。因此，援用一切經論，都是爲了彰顯《法華經》所說「唯有一佛乘」的究竟義。

五、《教觀綱宗》的書名

《教觀綱宗》是天台學最後一部最重要的論著，雖其未以論命名，觀其體系組織及申述的方式，確是一部精簡扼要的論著。在《教觀綱宗》的題名之下，有一行小字原註云：「原名一代時教權實綱要圖，長幅難看，今添四教各十乘觀，改作書冊題名」，可知此書原係圖表形式，後增改成爲論文的書冊形式。

此書的寫作年代不明，唯由其署名「北天目蕅益沙門智旭」來推測，那是西元一六三一年至一六五五年之間的事，也就是在他三十三歲至五十七歲之間，進出往返駐錫於北天目山的靈峰，故在他此期中所著的諸書，均落款爲「靈峰」或「北天目」。

《教觀綱宗》的論題，意謂天台宗所弘傳的如來一代時教，期以此書的教觀二字，全體總攝；又以綱宗二字，表明天台教觀的根本所在。教是佛的言教，是五時八教的全部聖教；觀是觀照，是依教起觀，攬教照心，如律而行。

旭師常說，禪、教、律三者必需兼備，因爲如來遺教，共隸三藏，經爲定學，律爲戒學，論爲慧學；定爲佛心，戒爲佛行，慧爲佛言。三藏即是如來的三業大用。天台宗即以「教觀」二字，概羅大小諸乘一切聖教，智旭大師又以「綱宗」二字，總理教觀，目爲心要。

旭師又常提倡「禪教一致」及「宗教一致」說，教與禪，即是教與觀；宗與教，即是佛心及佛語，因此而以「綱宗」來爲此書取名。

對於「綱宗」一詞，一般學者，多以「綱要」或「大綱」來解釋，其原名也確有「綱要圖」三字。然而根據我的博士論文《明末中國佛教之研究》第五章所見，旭師於別處也有用到此一名詞，唯非此書的書名所指，凡他用到「綱宗」二字之處，均與禪法、心法有關，他所說的心法，又異於禪宗明心見性的清淨心或智慧心，乃是天台宗山家派所持的妄心觀，即是以現前一念心，涵括三千界的凡聖功德藏，他是沿用永明延壽禪師《宗鏡錄》的「宗」字義，其經證爲《楞伽經》的「大乘諸度門，諸佛心第一。」《宗鏡錄》卷一則云：「佛語心爲宗，無門爲法門」。於此可知，《教觀綱宗》，明處是介紹天台學，骨子裡含有禪宗的思想。因爲教是佛語，觀是佛心衆生心，宗既是佛及衆生的現前一念心，凡能依教觀心，便是「綱宗」。教觀即綱宗，綱宗即教觀，是體用不二的一個書名。

六、《教觀綱宗》的作者

論主旭師，是我撰寫博士論文的研究主題。所見的相關資料極爲豐富。欲知其詳者，可以參閱我的論文，此處則述其大要如下：

旭師通稱爲蕅益大師，生於明末神宗萬曆二十七年，俗姓鍾氏，居於古吳木瀆。父母篤信佛法，並以其父持〈白衣神咒〉十年，夢大士送子而生師。七歲茹素，十二歲習儒書，十七歲閱《自知錄》及《竹窗隨筆》乃始學佛。

二十四歲落髮出家，法名智旭。二十五歲坐禪，二十七歲閱律藏，三十二歲擬爲《梵網經》作註，製四鬮問佛，即是賢首宗、天台宗、慈恩宗、自立宗。幾次均得天台宗，於是究心天台諸部著作，但他仍不肯成爲台家子孫，因爲各家都各執門庭，不能和合。

師終其一生，都是保持融和論者的立場。五十四歲，撰〈八不道人傳〉，述其生平思想及治佛學的態度，他說：「古者有儒、有禪、有律、有教，道人既蹴然不敢。今亦有儒、有禪、有律、有教，道人又艴然不屑。故名八不也。」至明末最後一位皇帝桂王永曆九年，也即是滿清世祖順治十二年，以世壽五十七歲示寂。

蕅益大師是一位重視實踐的大宗教家，他對佛教的修行方法，除了特別重視持戒之外，舉凡坐禪、持咒、禮懺、占卜、刺血寫經、敬燃臂香及頂香，無不全力以赴，最終的根本法門，是念阿彌陀佛，求生西方淨土。

大師一生孤寂多病，而能著述不倦，根據上杉文秀的《日本天台史》續編列表介紹旭師的著作，計有六十六種二百三十八卷之多；依據我的考查研究，實際的總數，應該是五十八種。現存本的總數量，則爲五十種一百九十卷。他的著述，不僅多產，尤其紮實，或被收入《大正藏經》，或被編入《卍續藏經》，也有雖未入藏，亦能單行流傳至今，自唐宋以降迄於明末的佛教史上，像有旭師這麼多名著傳世的善知識，幾乎是絕無僅有。

他的著述範圍，也很寬廣，除了中觀、賢首、眞言之外，他對於性相二宗的如來藏系諸經論，以及慈恩宗的《成唯識論》，均有註釋。所下工夫較深的，是大小乘戒律、《楞嚴經》、《法華經》、《起信論》，以及藏經提要的《閱藏知津》。他的中心思想，也就可以從這些著述中看得出來。

他用天台教觀，卻不是天台宗的徒裔。他是一位以《梵網經》爲中心的戒律主義者，又是以《楞嚴經》爲依歸的禪者，更是以《楞嚴經》爲基盤的性相融和論者，也是禪教律的統一論者。所以旭師的天台學，與傳統天台家的立足點，並不全然相同，但其介紹天台教觀，還是未離天台學的架構。他的《教觀綱宗》一書，也眞是天台教學的入門好書。

五時八教

一、何謂八教

原文

佛祖之要，教觀而已矣。觀非教不正，教非觀不傳；有教無觀則罔，有觀無教則殆。然統論時教，大綱有八，依教設觀，數亦略同。

語譯

佛及歷代祖師們傳給我們的佛法要領，唯有教義及觀法而已。無教之觀，不是正觀；無觀之教，教便不傳。有教無觀，教即無用；有觀無教，觀便危險。然而，全盤地討論釋迦世尊的一代時教，可以得出一個大綱，總共攝爲八教；依教義所設的觀法，數目也大略相同。

註釋

1.「教觀」：已如前釋。

2.「時教」：代表釋迦世尊自成道之後，迄於涅槃的四十多年之間，在不同的時地，爲不同程度的對象，說了讓大家覺得有深淺不同的佛法。此在前面緒論中，也已介紹。正如諦觀的《四教儀》所說：「以五時八教，判釋東流一代聖教，罄無不盡。」

原文

八教者，一頓、二漸、三祕密、四不定，名為化儀四教，如世藥方；五三藏、六通、七別、八圓，名為化法四教，如世藥味。

語譯

什麼是八教呢？共分兩大類：1.化儀四教：(1)頓教、(2)漸教、(3)祕密教、(4)不定教；此類如世間醫師所開的藥方。2.化法四教：(5)三藏教、(6)通教、(7)別教、(8)圓教；此類如世間藥劑師根據處方箋所給病人的藥品。

註釋

1.「化儀四教」及「化法四教」：化儀是如來爲了適應各類衆生根器而設的教化軌道，化法是如來爲了適應各類衆生程度而設的教化範圍。日本德義的《教觀綱宗贅言》卷上則云：「頓等四教，是如來化物儀式，藏等四教，是如來化物方法。」《教觀綱宗釋義》云：「化儀無體，全攬化法爲體。」化法四教，乃教之綱。

2.「藥方」與「藥味」：《四教儀》已有「頓等四教是化儀，如世藥方；藏等四教名化法，如辨藥味」的譬喻。是形容兩類的四教，也是彼此相依互用的。倘若僅有藥方的化儀四教而無藥味的化法四教，猶如雖有四種根器的衆生可度，卻無四種程度的教材能度；若與之相反，僅有四種程度的教材，竟無四種根器的衆生爲對象，也等於沒有一樣。

3.「頓教」：對於頓大根器的衆生，直說別教及圓教的大乘法，例如《華嚴經》及《梵網經》等。

4.「漸教」：對於需要次第修證的衆生，便說漸修教法，例如阿含、方等、般若經等。

5.「祕密教」：同聽佛陀於一時一地說同一部經，聽衆各以自己的程度根器，各取所取；爲此人說頓，爲彼人說漸，而彼此之間互不相知，故稱祕密。

6.「不定教」：於如來同一說法會中，衆生同聞異解，或於漸中得頓益，或於頓中得漸益。得益不同，故稱不定。

7.「三藏教」：三藏本爲大小乘聖典的通稱，那是指的經、律、論三藏。天台宗特指小乘爲三藏教，是依據《法華經．安樂行品》所云：「貪著小乘三藏學者」之句而得名。若依《大智度論》卷一百云：「佛在世時，無有三藏名。但有持修多羅（經）比丘，持毘尼（律）比丘，持摩多羅迦（論）比丘。」然在《毘奈耶雜事》卷三十四有云：「聖者仁是三藏，持經律論耶。」可知在釋尊住世時代，不論是否已有三藏之名，經律論三種性質的聖典，確實已經有了。

8.「通教」：是大乘的初階，前通小乘三藏教，後通大乘別教及圓教，含攝聲聞、緣覺、菩薩的三乘聖教，而以菩薩爲正機，聲聞及緣覺爲傍機。

9.「別教」：此是不與二乘相共的大乘聖教，唯對菩薩說大乘無量法，獨明三界外的菩薩法。此教的教、理、智、斷、行、位、因、果，既別於此前的藏通二教，也別於此後的圓教，故名別教。

10.「圓教」：此是佛對最上利根的菩薩，所說事理圓融的中道實相法。此教與別教不同之處，僅在於一者隔歷，一者圓融。所謂圓融，依《四教儀》所說，是指「圓妙、圓滿、圓足、圓頓」，也即是「圓伏、圓信、圓斷、圓行、圓位、圓自在莊嚴、圓建立衆生。」

原文

當知頓等所用，總不出藏等四味。藏以析空為觀，通以體空為觀，別以次第為觀，圓以一心為觀。四觀各用十法成乘，能運行人，至涅槃地；

藏、通二種教觀，運至眞諦涅槃，別、圓二種教觀，運至中諦大般涅槃。

語譯

應當知道，頓等化儀四教所用者，皆不出乎三藏等化法四教的功能。三藏教教人修析色入空觀；通教教人修體色入空觀；別教教人次第修觀，先修體假入空觀，再修從空入假觀，然後修第一義諦觀（此三觀原出於《菩薩瓔珞本業經》）；圓教教人以一心為觀。

以上的四教四觀，各各皆用十法成其所乘，能將化法四教各類根性的修行者，運送到涅槃的境地；藏、通二種教觀，運人至眞諦涅槃；別、圓二種教觀，運人至中諦大般涅槃。

註釋

1.「析空為觀」：三藏小乘教，教人於五蘊、六入、十二處、十八界，用苦、空、不淨、無我的四觀，主要是對蘊、處、界或陰、界、入的三大科所構成的自我中心，以修四念處等道品，觀察透析而皆歸於空，目的是在滅除人我執，故稱爲「析色入空」。此處的「色」，是指一切現象，包括心理的、生理的、環境的，亦即是陰、界、入的各種現象。

2.「體空爲觀」：通教是對根器稍利的二乘人及初機大乘人，教以直接體驗陰、界、入所構成的自我及自我所依的一切現象，無非緣生而無自性，每一念當下的自我本身，便是空的，故名「體色入空」。

3.「次第爲觀」：別教是對一類大根衆生，教以修行三個次第的觀法，先修體假入空觀，破見思二惑；後修從空入假觀，破塵沙惑；再以二觀爲方便，親證眞如實相，悟入中道第一義諦，破無明惑。

4.「一心爲觀」：圓教是對最利根的衆生，教其先悟一切諸法，無非俗、眞、中的三諦，頭頭自在，法法圓融；然後教其依解而起一空一切空，一假一切假，一中一切中的一心三觀，圓解、圓修、圓破、圓證。

5.「十法成乘」：十法的內容，見於《教觀綱宗》化法四教每一教六即文之末段，也就是說，化法四教的任何一教，都以十法成乘，是比照《摩訶止觀》的圓頓法門而設。也可以說，教觀雙運，教不離觀，是天台宗的特色。通常稱爲十乘觀法，其條目是：一觀不思議境。二眞正發菩提心。三善巧安心於止觀。四以一心三觀的智慧遍破三惑。五善識通塞，知道何行相能通入法性，何行相能使法性蔽塞。六道品調適，是調適七科三十七菩提分的修法。七對治助開，以藏通別等事相法門，助開正道之理觀。八知次位，知修證之分際，令不生增上慢。九能安忍，於內外的修行障礙，安然忍耐。十無法愛，不愛著於既得之法益，繼續修行進入法性的究竟。

6.「涅槃地」：是梵語 **Nirvāṇa** 的音譯，意謂滅、滅度、寂滅、不生、解脫、安樂等。**Parinirvāṇa** 則譯爲圓寂。滅生死之因果，度生死之瀑流；滅生死之大患，得無爲空寂之安樂。大乘小乘，均有有餘及無餘的兩種涅槃，名同義異；大小乘相對而言，則以小乘涅槃爲有餘，大乘涅槃爲無餘。

7.「眞諦涅槃」與「中諦大般涅槃」：天台宗有兩類的三諦說，一是北齊慧文禪師讀《中觀論・觀四諦品》的偈頌，而悟得空、假、中的三諦。二是唐代荊溪湛然禪師的《始終心要》有云：「衆生迷三諦而生三惑，當依三觀、破三惑、成三智、證三德。」其所云三諦：「中諦者統一切法，眞諦者泯一切法，俗諦者立一切法。」《教觀綱宗》此處的「眞諦」是對俗諦而言的出世間法，「中諦」是對非眞非俗、即眞即俗、亦眞亦俗而言的世出世間法。眞諦涅槃對中諦大般涅槃而言，仍是有餘而非無餘。

原文

藏、通、別三，皆名為權，唯圓教觀，乃名眞實。就圓觀中，複有三類：一頓、二漸、三不定也。為實施權，則權含于實；開權顯實，則實融于權。良由衆生根性不一，致使如來巧說不同。

語譯

在化法四教之中，三藏教、通教、別教之三者，皆名權巧方便教，唯有圓教，才得稱爲眞實教。在修行圓觀的眞實教中，又可分爲頓、漸、不定的三類根性。如果爲使衆生趣向眞實的圓教，而設施權巧方便的藏、通、別三教，藏、通、別的三種權巧方便教，即含攝於眞實的圓教之中；如果開出權巧方便的藏、通、別三教，是爲了向衆生顯示眞實的圓教，眞實的圓教，便融和在權巧方便的藏、通、別三教之中。類此的或權或實，立權立實，以及或頓、或漸、或不定，立頓、立漸、立不定，都是由於衆生的根性有差別，以致於如來要用善巧的方式，說出不同的教觀。

註釋

1. 「權」與「實」：通稱「權實二教」，是天台學的常用名詞，《摩訶止觀》卷三下有云：「權是權謀，暫用還廢；實是實錄，究竟旨歸。」權實之名，雖爲諸宗通用，天台學者則特別重視。《法華文句》卷一上亦云：「若應機設教，教有權實，淺深不同」，以三乘皆爲方便教，唯一佛乘是眞實教，是《法華經・方便品》所闡說的。

2.「爲實施權」與「開權顯實」：爲實施權，是爲了眞實而施設方便，是說如來在說《法華經》之前，所說各經，均爲方便接引衆生獲得《法華經》的利益，稱作爲實施權。至於開權顯實，略稱開顯，則是天台學派的名句，「開方便門，示眞實相」是《法華經》的宗旨。《法華經》的前半爲開三顯一，後半爲開近顯遠，都是表達開權顯實之意。《法華玄義》卷五上有云：「昔權蘊實，如華含蓮；開權顯實，如華開蓮現。」

二、何謂五時

原文

且約一代，略判五時：一華嚴時，正說圓教，兼說別教，約化儀名頓。二阿含時，但說三藏教，約化儀名漸初。三方等時，對三藏教半字生滅門，說通別圓教滿字不生不滅門，約化儀名漸中。四般若時，帶通別二權理，正說圓教實理，約化儀名漸後。五法華涅槃時，法華開三藏通別之權，唯顯圓教之實，深明如來設教之始終，具發如來本迹之廣遠，約化儀名會漸歸頓，亦名非頓非漸。

語譯

若約如來一代所說教法的時間性而言，可以大略地判作五個時段：

1.宣說《華嚴經》的時段，主要是說化法四教的圓教，兼帶也說別教；約化儀四教而言，屬於頓教。

2.宣說《阿含經》的時段，僅說化法四教中的三藏教；約化儀四教而言，屬於漸教之初。

3.宣說方等經典的時段，相對於化法四教中的三藏教半字生滅門，宣說通教、別教、圓教滿字不生不滅門；約化儀四教而言，屬於漸教之中。

4.宣說《般若經》的時段，於化法四教，雖帶說通教及別教的二種權理，主要是說圓教的實理；約化儀四教而言，屬於漸教之後。

5.宣說《法華經》及《涅槃經》的時段，《法華經》開化法四教中的三藏教、通教、別教之權理，唯顯圓教之實理；深明如來爲實施權的始終，具發如來爲本垂迹的廣遠；約化儀四教而言，名爲會漸教歸頓教，亦名爲非頓教非漸教。

註釋

1.「半字」與「滿字」：比喻取自《涅槃經》卷五有云：「譬如長者，唯有一子，心常憶念，憐愛無已，將詣師所，欲令受學，懼不速成，尋便將還，以愛念故，晝夜慇懃，教其半字，而不教誨毘伽羅論。」又云：「如彼長者教半字已，次爲演說毘伽羅論。我（如來）亦如是，爲諸弟子，說於半字九部經已，次爲演說毘伽羅論。」可知「半字」是小學開蒙的課程，梵語名爲「悉曇章」（Siddhirastu），是梵字的原始及其生字的列次，是使兒童識字的教科書。《南海寄歸傳》卷四說是「小學標章之稱」。《涅槃經》稱此悉曇章爲半字，釋尊取喻爲小乘三藏教的阿含部，涵蓋九種文字體裁及題材的所謂九部經。

至於滿字教的「毘伽羅」（Vyākaraṇa），是五明之一的聲明記論，《慈恩傳》卷三說，此名梵書，有百萬頌。梵文的摩多（Mātṛ字母）與體文各別者，名爲半字的悉曇章；摩多與體文相合者，名爲滿字的毘伽羅論。

梵文的字母，稱爲悉曇，共有四十七個，其中的十二字爲母韻，稱爲摩多，三十五字爲子韻，稱爲體文。兒童初習四十七個母子韻的字母，稱爲悉曇章，尚非梵文文章，故稱爲半字。母韻與子韻相合構成梵文書籍者，稱爲毘伽羅，故名爲滿字。這個半字教與滿字教的「二教」說，若不了解梵文的結構，眞是非常難懂。

2.「生滅門」與「不生不滅門」：這是天台學派引用《涅槃經・聖行品》所說四種四諦配合而成的判攝方法。⑴生滅四諦，⑵無生四諦，⑶無量四諦，⑷無作四諦。《釋義》第四條云：三藏詮生滅四諦，故名生滅門；通教詮無生四諦，故名爲不生不滅門；若細論之，三藏是三界內的生滅門，通教是三界內的不生滅門，別教是三界外的生滅門，圓教是三界外的不生滅門。

3.「分段生死」及「變易生死」：《釋義》又云：通教約三界內論，雖不生滅，約三界外說，仍屬生滅，以通教但能體得分段生死之空，尚不能體得變易生死之空；別教約三界外論，雖云生滅，若約三界內說，亦不生滅，以別教雖不能體得變易生死之空，亦能體得分段生死之空。所言界內界外，是由於三界之內，見思二惑爲因，所感分段生死爲果，三藏教及通教，正治此病，名界內教；居於三界之外的方便、實報二土，以無明爲因，所感變易生死爲果，別教及圓教，正治此病，故名界外教。分段生死是一切凡夫，以見思二惑，造諸有漏善不善業，所感得的三界六道果報，就是一般所知受身捨身的流轉生死；變易生死，已斷見思二惑，是依所知障造諸無漏善業，所感之界外淨土以及非色形無壽期的果報身，即是阿羅漢以上的聖者功德莊嚴身。

天台宗以藏通二教的無學位、別教的第七住已上初地已下菩薩，圓教的第七信及初住以下菩薩，受此變易生死，一說天台宗以變易生死之聖者，居於天台所說四種淨土中的方便土。

4.「始終」：一代教法，共有五時，以第一華嚴時爲始，以第五法華涅槃時爲終。

5.「本迹」：諸家判教，皆將《法華經》的二十八品，大判爲本地與垂迹之二門，前半部以〈方便品〉爲中心，稱爲迹門；後半部以〈壽量品〉爲中心，稱爲本門。跡門是開三乘之權巧方便，顯一乘之眞實義，即開權顯實。本門是開伽耶始成佛之近跡，顯久遠成佛之本地，即開跡顯本。

原文

　　涅槃重為未入實者，廣談常住；又為末世根鈍，重扶三權。是以追說四教，追泯四教。約化儀亦名非頓非漸，而祕密、不定，二種化儀，遍於前之四時。唯法華是顯露，故非祕密，是決定，故非不定。

語譯

　　《涅槃經》與《法華經》同屬第五時，是在《法華經》之後重複一次，再爲尙未由權教成熟而進入實教的衆生，廣談佛性眞常久住的實教；又爲如來滅度之後的末世根鈍衆生，爲免他們於佛法中起斷滅見，重複一次，扶持圓教而設藏、通、別的三種權教。在追說化法四教的同時，也追泯化法四教。若約化儀四教而言，《涅槃經》則既非頓教亦非漸教。至於化儀中的祕密教及不定教，遍及華嚴、阿含、方等、般若的四時。唯有《法華經》是顯露說，故非祕密教，是決定說，故非不定教。

註釋

1.「常住」：無爲的寂滅法、虛空法，是無生滅無變遷的，諸佛的果德，也是不會生滅變壞的，故名爲常住。《阿含經》的三藏教，只說緣起性空的無常法，未說眞實不變的常住法。若依《佛地經論》卷七云：常有三種，一是法身佛的本性常住，二是報身佛的不斷常住，三是化身佛的相續常住。《法華經．壽量品》所說的靈山淨土久遠佛，即是不斷常住的報身佛。此處所說的常住，是指整部《涅槃經》所明的常住二字，例如該經的〈如來性品〉之四曰：「或聞常住二字音聲，若一經耳，即生天上，後解脫時，乃能證知，如來常住，無有變易。」印順法師所判的「眞常唯心論」，便是指的這一系統的經論所說。由於寺院是住持三寶的道場，三寶爲久遠常住，故亦稱僧寺爲常住，僧衆名爲常住衆。

2.「末世根鈍」：一般人解釋末世爲末法，且有正、像、末的三時說，於初期大乘經典如《法華經》，即有正法、像法及末法之說，如來滅後，法欲滅時，稱爲末世。至於根鈍，實即《法華經．方便品》所說：「鈍根樂小法，貪著於生死」之句；樂小法者，即是《法華經．安樂行品》所說「貪著小乘三藏學者」，貪著於生死者，乃是不知學佛及誤解佛法的凡夫外道。

3.「重扶三權」：天台宗依《涅槃經》的半滿二教說，解釋如來一代時教，最後說出《涅槃經》，有兩種用意：⑴當時在世的機根未熟弟子，於法華會上遺漏了的，到《涅槃經》中更說藏通別圓的四教。⑵再使彼等弟子，歸入一乘常圓的妙理，以捃拾法華會中漏失的殘遺衆生。因此稱法華爲大收教，涅槃爲捃拾教。

雖在《法華經》中已說：「唯有一乘法，無二亦無三」，對於佛世弟子中的鈍根者，以及法欲滅時的末世衆生，仍需有《涅槃經》來重說藏、通、別三種權教，依正法律，漸次修行，畢竟令入一乘常圓的實教，所以《涅槃經》又被稱爲「扶律談常教」。

4.「追說四教」與「追泯四教」：依據蕅益智旭的《教觀綱宗釋義》所明：《涅槃經》「重爲未入實者，廣談常住」，是追說圓教，「又爲末世根鈍，重扶三權」，是追說藏通別的三種權教。《涅槃經》雖也四教並談，卻與方等經典中的四教不同，方等經中的藏教及通教，初後都不知常；別教初亦不知常，後乃知常；別教初心，雖知中道，唯得「但中」，不具諸法，不同《涅槃經》的佛性；唯有圓教初心及後心，一往俱知常住佛性。《涅槃經》中的四教，同知常住佛性，所以不同方等經中所說的四教；此即名爲「追說四教」。既然《涅槃經》中所說的前三權教，亦皆知常，不同於方等經中不知常的隔異的三權，這就是追泯了藏通別三教。既扶植三權並幫助他們進入圓教，不同於方等經中相對於三權的圓教，這就是追泯了圓教。

原文

然此五時，有別有通，故須以別定通、攝通入別，方使教觀，咸悉不濫。今先示五時八教圖，次申通別五時論。

語譯

不過，於此五時之中，也有別五時與通五時的不同，故須以別五時來定通五時，又將通五時攝入於別五時，才能使得教與觀，都不致於失序而成混亂。在此先列出五時八教權實總圖，其次申論通五時及別五時的道理。請見附圖一（第三

七三頁）

註釋

1.「有別有通」：智顗《法華玄義》開頭便說：「釋此五章，有通有別」，有二義：「一經通別」，「衆教通別」，可知此語源出智者大師。此也使得天台的五時論，具有合理性了。根據靜修法師《教觀綱宗科釋》所說，別五時乃指如來說出諸部經典，確有先後五個時序；通五時乃謂如來說法，隨機宜施設，並非於某一固定的時段，只說某一部經。須以別五時斷定初及後之通五時，所說內容與何一時段相應，便當歸攝於何一部類，因此而云「以別定通，攝通入別」。對這項兩種五時論，乃是智旭大師的卓見。

2.「五時八教權實總圖」：簡明扼要地將化儀四教的頓、漸、祕密、不定，化法四教的藏、通、別、圓，五時的華嚴、阿含、方等、般若、法華涅槃，以及權實二教的彼此關係，緊密而確切地標示出來，使人一目了然。天台學派的教判，綱舉目張，已略攝於此圖之中。

通別五時論

一、認識五時的通別

原文

法華玄義云：夫五味半滿，論別，別有齊限，論通，通於初後。章安尊者云：人言第二時，十二年中說三乘別教，若爾，過十二年，有宜聞四諦、十二因緣、六度，豈可不說？若說，則三乘不止在十二年中，若不說，則一段在後宜聞者，佛豈可不化也。定無此理！經言：為聲聞說四諦，乃至說六度。不止十二年。蓋一代中，隨宜聞者，即說耳。如四阿含、五部律，是為聲聞說，乃訖於聖滅，即是其事。何得言小乘悉十二年中也。人言第三時三十年中說空宗般若、維摩、思益，依何經文知三十年也？大智度論云：須菩提於法華中，聞說舉手低頭，皆得作佛，是以今問退義，若爾，大品與法華，前後何定也。

聖嚴識：此一大段論文，均係從《法華玄義》卷十下抄錄出來，「玄義云」的數句，是智顗所說。自「章安尊者云」以下，則係章安灌頂大師以筆記者的立場，所作的「私錄同異」一長文，附於《玄義》的書末，蕅益大師除了省略數句之外，幾乎照錄了其中的一大段文章。

語譯

智者大師於《法華玄義》中有言：至於《涅槃經》所說的五味五時及半滿二教，若論其別，則各別皆有一定的期限；若論其通，則通於華嚴之初及涅槃之後。

智者大師的弟子章安尊者有說：有人說，五時中的第二時，在連續的十二年中，都說三乘別教。假如真是如此，過了十二年後，尚有適宜聽聞三乘教的四諦、十二因緣、六度法的眾生，難道佛就不說了嗎？假如會說，那麼三乘教法就不一定止在十二年中說了；假如不說，難道在這一段時期之後，雖有宜聞三乘教法的衆生，佛也不教化他們了嗎？那是絕對沒有這種道理的。在《法華經．序品》中說：「為求聲聞者，說應四諦法，度生老病死，究竟涅槃……為諸菩薩，說應六波羅蜜。」依據《阿含經》中的記載，佛為聲聞弟子說四諦，乃至說六度，是不止十二年的。因於如來自成道至涅槃的一代說法之中，凡遇適宜聽聞何種層次教法的衆生，便為說出何種層次的教法。例如四阿含及五部律，是以聲聞弟子為對象而說的，卻一直說到如來入滅時為止，便是事實，怎麼可說小乘教法都只在十二年中說的呢？

有人說：第三時的三十年中，如來都是說的空宗——《般若經》、《維摩經》、《思益經》，這是依據那一部經文，得知是三十年的呢？

《大智度論》卷九十三〈必定品〉云：「復次須菩提，聞法華經中說，於佛所作少功德，乃至戲笑，一稱南無佛，漸漸必當作佛。又聞阿鞞跋致品中，有退不退。又復聞聲聞人皆當作佛，若爾者不應有退，如法華經中說必定，餘經說有退有不退。」以這樣的事實可知，佛說《大品般若經》與佛說《法華經》的時段，究竟何者在前何者在後，就無定論了。

註釋

1.「章安尊者云」：這段文字，錄自《大正藏經》三十三冊八一二頁下至八一三頁上。於「即是其事」句與「何得言小乘」句之間，章安的原文尚有：「故增一經說，釋迦十二年中略說戒，後瑕玼起，乃廣制；長阿含遊行經說，乃至涅槃」的數句文字，被旭師省略。又在「知三十年也」句與「大智度論云」句之間，章安的原文尚有：「言四十年後，說法華一乘。法華經中彌勒言：佛成道來，始過四十餘年。然不可言，法華定在大品經後，何故」的數句文字，亦被旭師省略。略掉並無損失，全錄則更明白。

2.「人言」：此「人」是指晉代所謂「南三北七」中的隱士劉虯所說，他的五時，第一時是五戒十善的人天教，第二時是有相的三乘教，第三時是空宗的無相教。章安對其僅說別五時而未言通五時，提出批判。

3.「大智度論云」：由於《大智度論》是《大品般若經》的釋經論，既在此論提及須菩提尊者聽聞《法華經》的例子，可知佛說般若未必是在佛說法華之前了。

4.「舉手低頭，皆得作佛」：是佛在《法華經．方便品》所說的偈語：「乃至舉一手，或復小低頭，以此供養像，漸見無量佛，自成無上道，廣度無數衆。」

原文

論曰：智者、章安，明文若此，今人絕不寓目，尚自訛傳「阿含十二方等八」之妄說，為害甚大，故先申通論，次申別論。

語譯

智者大師及章安尊者，已有如此的明文，迄於今日的天台學派中人，竟爾絕然不去閱讀，尚且以訛傳訛地跟著亂說什麼「阿含十二方等八」的偈語，對於聖教，爲害極大。因此論列，先辨通五時，次辨別五時如下。

註釋

「阿含十二方等八」：此一偈語，已在本書緒論第一節中論列過了，傳說是出於唐代的荊溪大師，而唯見載於元代的《四教儀備釋》及《四教儀集註》。

二、何謂通五時

原文

先明通五時者：自有一類大機，即於此土，見華藏界，舍那身土，常住不滅，則華嚴通後際也；只今華嚴入法界品，亦斷不在三七日中。復有一類小機，始從鹿苑，終至鶴林，唯聞阿含、毘尼、對法，則三藏通於前後明矣。章安如此破斥，癡人何尚執迷！復有一類小機，宜聞彈斥褒歎，而生恥慕，佛即為說方等法門，豈得局在十二年後、僅八年中！且如方等陀羅尼經，說在法華經後，則方等亦通前後明矣。復有三乘，須歷色心等世出世法，一一會歸摩訶衍道，佛即為說般若，故云：從初得道乃至泥洹，於其中間，常說般若，則般若亦通前後明矣。復有根熟眾生，佛即為其開權顯實，開迹顯本，決無留待四十年後之理，但佛以神力，令根未熟者不聞，故智者大師云：「法華約顯露邊，不見在前，祕密邊論，理無障礙。」且如經云：「我昔從佛，聞如是法，見諸菩薩，授記作佛。」如是法者，豈非妙法？又梵網經云：「吾今來此世界八千返，坐金剛華光王座」等，豈非亦是開迹顯本耶？復有衆生，應見涅槃而得度者，佛即示入涅槃，故曰：「八相之中，各具八相，不可思議。」且大般涅槃經，追敘阿闍世王懺悔等緣，並非一日一夜中事也。

聖嚴識：這段文字，是依據智者大師的《法華玄義》所作的申論，目的是在糾正當時一般天台學者的訛傳。因爲根據法華及梵網等經文所示，如來說法，唯在於應機，不在於固定的某一時段，僅說某一部經，否則即與事實不符。此種看法，在近世的學者們尚未以歷史的方法論，提出經典成立史的考證說明之前，的確非常重要。若以今天的研究而言，已由西方及日本佛教學者們，根據佛典原典語言學以及印度佛教思想史的推論，告訴我們佛教聖典的次第成立，是經過了相當長的時間；即使是最早完成的四種《阿含經》，也不是同一時代的產物，大乘經典的陸續出現，即使是初期的《法華經》等，已是佛滅之後數百年間的事。不過今人已有共識，大乘經典縱然不是出現於如來住世時代，的確仍是出於如來化世的本懷，所以不僅是佛法，尤其更能彰顯如來的悲智廣大。故以今日的觀點，來看古人的時教判釋，雖宜感念他們的貢獻，體認他們的苦心，尊敬他們的博通群經，欣賞他們組織和分析的周密細膩，但已不是要我們跟著來作同一模式的思考了。

語譯

首先說明通五時論：

1.就有一類大根機的衆生，即於此娑婆國土，能親見華藏世界盧舍那佛的實報淨土，永劫常住不滅（此見於《法華玄義》卷十下所引《像法決疑經》的內容）。因此可知，《華嚴經》的內容，也通於華嚴時段之後的根機了；即以《華嚴經・入法界品》而言，亦斷定不僅是在佛初成道三七二十一日之內說出的。

2.另有一類小根機的衆生，是指如來於鹿野苑初轉法輪，度五比丘，直到如來於拘尸那城鶴林涅槃爲止，都只聽聞阿含部、律部、論部的所謂小乘三藏，可知藏教的根機，也通於五時的前後。章安尊者已作如此明白的破斥，何以尚有一類愚痴之人執迷不悟呢？

3.又有一類小乘根機的人，聽聞了有關彈斥小乘而褒歎大乘的佛法之後，便生起恥爲小乘而欣慕大乘之心，佛陀即爲他們宣說方等法門的經典。怎麼可能一定要侷限在十二年的阿含時之後的僅僅八年之中，才說方等經典呢？且如《方等陀羅尼經》，是在《法華經》之後宣說的，由此可見，方等時亦是通於前後的。

4.還有比較利根的三乘人，需要徧歷色及心等世間法與出世間法，然後一一會歸大乘法門的摩訶衍道，佛陀對於這一類人，便說般若經典，是故《金剛仙論》卷一云：「相傳云，如來一代，成道乃至涅槃，恆說摩訶般若、華嚴、大集。」以此可知，般若時亦是通於前後的了。

5.還有一類根機已熟的衆生（人），佛陀對他們便用開權顯實、開迹顯本的法門，決計沒有要留待到成道四十年後才說的理由。不過佛陀以其神力，使得根機未熟的人聽不到而已。是故智者大師於《法華玄義》卷十下云：「法華顯露邊論，不見在前；祕密邊論，理無障礙。」且如《法華經・譬喻品》云：「我昔從佛聞如是法，見諸菩薩受記作佛。」昔年聞的「如是法」，豈不就是《妙法蓮華經》呢？又如《梵網經》有云：「吾今來此世界八千返……坐金剛華光王座」（參看旭師的《梵網經合註》及《玄義》二書）等，豈不也就是開迹顯本的法華時呢？

6.尚有一類眾生，應於見到釋尊即將進入涅槃，才能得度的，佛陀即為他們示現般大涅槃，所以有云：「八相之中，各具八相，不可思議。」且《大般涅槃經》中，追述阿闍世王懺悔等因緣，也並不是僅在一日一夜之間發生的事。

註釋

1.「大機」與「小機」：機是根機，具有潛在的可塑性者稱為根機。堪受大乘的菩薩法者，名為大機，僅能接受二乘小法所化者，名為小機。此處的「一類大機」，是指華嚴時中所攝的眾生；「一類小機」，是指阿含時中但聞小乘三藏教法的眾生。

2.「華藏界舍那身土」：「華藏界」具名「蓮華藏世界」，又簡稱「華藏世界」。這是相對於化身佛釋迦如來所居的娑婆世界，而說的報身佛所居淨土，通常稱爲圓滿報身盧舍那佛，住於實報莊嚴淨土，唯法身大士得見、得親近。

唐譯八十卷本《華嚴經》卷八云：「此華藏莊嚴世界海，是毘盧遮那如來，往昔於世界海微塵數劫，修菩薩行時，一一劫中，親近世界海微塵數佛，一一佛所淨修世界海微塵數大願之所嚴淨。」可知佛的報身報土，是由於在無量劫中、親近無量數佛，修無量數大願而成就的。

法藏大師的《華嚴經探玄記》卷三，解釋「華藏」之名有云：「藏是含攝義、出生義、具德義。此中通論有二義：一由此土內含攝一切人法等諸法門故；二含攝一切諸餘剎故。」可知此一淨土，本爲事事無礙，事理雙圓的華嚴境界，然於唐譯《華嚴經》卷八至卷十的〈華藏世界品〉中，是用形相來描述介紹的，大略有上下二十重，周圍十一周，復由此數，隨方各攝十方，總數一百十一，猶如天地珠網分布，構成華藏世界，毘盧遮那如來即是居住此一世界的中心。

「舍那」的梵語是毘盧舍那，或譯毘盧遮那（Vairocana）等，晉譯六十卷本

《華嚴經》譯作「盧舍那」，《華嚴經探玄記》稱毘盧舍那，八十卷本《華嚴經》有〈毘盧遮那品〉，可見此二名本是一名，賢首法藏懂梵文，所以未將此二名視爲兩種不同的佛身。天台家未勘對梵文，故以毘盧舍那、盧舍那、釋迦，配上如來的法身、報身、應身解釋；例如《法華文句會本》卷二十五有云：「法身如來名毘盧，此翻徧一切處，報身如來名盧遮那，此翻淨滿，應身如來名釋迦，此翻能仁。」相沿迄今，中國佛教界，多用天台家的觀點，以法身爲理佛，報身爲智佛，應身爲事佛。甚至在每餐的食前供養，也是如此唱誦的。

3.「三七日中」：這是依據《法華經・方便品》所云：「我（如來）始坐道場，觀樹亦經行，於三七日中，思惟如是事，我所得智慧，微妙最第一，衆生諸根鈍，著樂癡所盲，如斯之等類，云何而可度！」因此天台家有人判說「華嚴最初三七日」。佛初成道後於三七二十一日之中觀樹思惟，出於《法華經》，而《華嚴經》的開頭只說如來「始成正覺」即以神力，「令此道場，一切莊嚴，於中影現。」未說於三七日中講完《華嚴經》。而且《華嚴經》七處九會的性質內容，絕不僅是最初三七日中發生的事。旭師亦已看到八十卷本《華嚴經・入法界品》的經文之中已有「諸大聲聞，不能得見。」「諸大弟子雖在林中，親近世尊，不見如來自在神力。」既已有了諸大聲聞弟子的如來，當然不是最初成道的三七日中的事了。

4.「鹿苑」與「鶴林」：根據佛陀的傳記，如來是於菩提伽耶的畢波羅樹下成道，至波羅奈國的鹿野苑，初轉法輪度五比丘，最後至拘尸那城的娑羅雙樹間涅槃。天台家即判菩提樹下三七日中爲華嚴時，鹿野苑爲阿含時，雙樹間是在說了《法華經》之後的《涅槃經》時。但就智旭大師所見，這種講法是不正確的，因爲有一類小乘根性的人，不僅在鹿野苑時代出現於佛前，縱貫如來四十多年的度衆過程中，直到佛陀涅槃，都可見到他們親近如來，只聽到小乘三藏的教授。

「鹿野苑」，亦譯作鹿野園，梵文 mṛgadāva，意爲仙人論處，仙人住處，多鹿住處。《大毘婆沙論》一八三卷記載，過去有一位梵達多王，將此園林施與鹿群，故又名施鹿林。玄奘《大唐西域記》卷七、《大智度論》卷十六等，均有相關的詳細資料。

「鶴林」即是娑羅雙樹的涅槃場。北涼曇無讖譯四十卷本《大般涅槃經》卷一有云：「爾時拘尸那城娑羅樹林，其林變白，猶如白鶴。」傳說釋尊涅槃，人天悲傷，連同樹神也極度哀痛，娑羅樹（śāla）是闊葉喬木，葉片變白時，看來猶如白鶴滿樹，因此以鶴林尊稱釋尊的涅槃道場，也有稱爲「雙林」的。

5.「阿含、毘尼、對法」：這是小乘的三藏：⑴修多羅（Sūtra，經），⑵毘奈耶（Vinaya，律，舊譯毘尼），⑶阿毘達磨（Abhidharma，論，舊譯阿毘曇，意爲對法，是智慧的別名）。天台宗依據《法華經・安樂行品》所云：「貪著小乘，三藏學者」句，而判鹿苑時的小乘爲三藏教。依智旭大師所見，此小乘的三藏聖典，既通於鹿苑的前時，也通於鶴林的後時。

6.「方等陀羅尼經」：此經全名《大方等陀羅尼經》，共四卷，北涼沙門法衆譯，收於《大正藏經》的密教部，南嶽慧思禪師依此經而行方等三昧、證圓位，天台智者大師依之而說《方等三昧行法》一卷。

至於旭師如何見到佛說此經，是在說了《法華經》之後？係據此經〈夢行分〉卷第三有云：「爾時寶王如來及與我（釋迦如來）身，從（王舍城外的）靈鷲山，與無量那由他大衆，前後圍繞，來至（說《方等陀羅尼經》的舍衛國祇陀林）道場。」又云：「善哉善哉！善男子善女人等！乃能於我去世之後，受持讀誦陀羅尼經。」此經卷第二的〈授記分〉中，亦有佛為阿難等五百聲聞大弟子們，授記作佛云：「爾時佛告五百大弟子眾，汝等亦當各各作佛，俱同一號，號寶月王如來無所著至眞等正覺。」因為在靈鷲山說的《法華經．五百弟子受記品中》，已經為五百大聲聞眾授記作佛，移駕來到祇陀林（祇樹給孤獨園）中，再一次為此五百聲聞大弟子們授記作佛。由此證明，方等經典未必都在阿含時之後與般若時之前的八年之間所說，甚至到了說《法華經》與《涅槃經》之間，也可說方等經典的。

7.「色心等世出世法」：以色心二法，總攝諸法，名義具如《法界次第初門》所說。若依據唯識學，世出世法有色法、心法、心所法、不相應行法、無為法，共五類計百法；天台家的世出世法，僅列色法及心法，這是由蘊、處、界的三大科延伸歸納而成的，根身、器界，皆是色法，《天台四教儀》等所云十六心見道，三十四心頓斷見思習氣，成丈六身佛，皆是心法；世間的三界二十五有是色法及心法，諸佛的三身四土也是色法及心法。三乘佛法的道品次第，無不通過色心二法，方得修證。在《四教儀集解》卷下，亦有云：「六凡諸法，色心如幻如化，幻有之俗，但有名字。」這是「體色入空」之理。此處旭師是說三乘人須經歷修習色心等的世出世法道品次第，然後一一會歸大乘。在印順法師的《大乘起信論講記》〈懸論〉末節中說：「一切可歸納爲三：⑴色，一般稱爲物質，即是佔有空間的，有體質的事物。⑵心，即一般所說的精神。⑶理性，佛法中名爲法性，即物質與精神的眞相或眞理。」也就是說以色、心、性，涵蓋了世間與出世間的一切法。

8.「三乘」與「摩訶衍道」：天台家所言三乘，是依據《法華經・譬喻品》的說法：「欲速出三界，自求涅槃，是名聲聞乘。」「求自然慧，樂獨善寂，深知諸法因緣，是名辟支佛乘。」「求一切智……愍念安樂無量衆生，利益天人，度脫一切，是名大乘。」《四教儀集註》卷上則云：「聲聞以四諦爲乘，緣覺以十二因緣爲乘，菩薩以六度爲乘；運出三界，歸於涅槃。」以此可知，三乘是以修證的道品等次而分的。此處以說《般若經》而使三乘人皆歸大乘的摩訶衍道，是三車家的「會二歸一」。《法華經・方便品》的「唯有一乘法，無二亦無三」，乃是「會三歸一」。

「摩訶衍」是梵文Mahāyāna大乘的音譯，《大智度論》卷一百云：「佛口所說，以文字語言分爲二種：三藏是聲聞法，摩訶衍是大乘法。」《勝鬘經》云：「摩訶衍者，出生一切聲聞緣覺、世間出世間善法。」《教觀綱宗》此處的摩訶衍道，應係取自《大智度論》。

9.「開權顯實」與「開迹顯本」：開權顯實，出於智顗《法華文句》卷三上，是指「開方便門，示眞實相。」以其一經而論，智顗的《法華玄義》卷六下有云，前半是開三顯一，《玄義》卷十下云，後半是開近顯遠。開迹顯本是本地垂迹的，最先出現於後秦僧肇所寫《注維摩詰經卷第一并序》有云：「非本無以垂跡，非跡無以顯本，本跡雖殊而不思議一也。」至隋代的天台智顗，便將《法華經》的全經二十八品，判作迹本二門，前十四品爲迹門，後十四品爲本門。智者的《法華玄義》卷七下，有云：「華開蓮現，開迹顯本。」此「開權顯實」，即是開三乘顯一乘，是就《法華經》所明的教法而言；「開迹顯本」，即是開近顯遠，是就《法華經》所明的佛身而言。前半部經，是說三乘一乘之教法，均係方便權巧的假施設，至「無二亦無三」才是眞實法，如果不說方便教，亦難顯示眞實教，所以開出方便的權教，目的是爲顯露無說無示的實相法，故云開權顯實。

若就佛身而論，依《法華經．如來壽量品》說，歷經三祇百劫修行，八相成道的釋迦世尊，是方便示現的近佛、迹佛；本來常住此世間說法而又不能被顚倒衆生見到的，便是遠佛、本佛。因爲衆生不知世尊「成佛已來，無量無邊百千萬億那由他劫。」又說：「我實成佛已來，久遠若斯」；「我成佛已來，甚大久遠，壽命無量阿僧祇劫，常住不滅。」又有偈云：「我常住於此，以諸神通力，令顚倒衆生，雖近而不見。」也可以說垂迹是人間身的應化佛陀，本門是常住遍在的法性身佛。

有關於「開顯」之說，智者大師的《法華玄義》卷一上及下、卷五上及下、卷七下、卷十上，有詳細論列。

10.「顯露邊」與「祕密邊」：約顯露的經名及法會而言，我們的確未見釋尊於成道後四十年間，宣說過《法華經》，但就祕密的意理而言，釋尊在說《法華經》之前，何嘗與《法華經》的實相之教有所衝突？可知法華時，也不侷限於四十年後的八年之中了。故云若約顯露邊，雖然四十年未見《法華經》，若約祕密邊，則與法華之理了無障礙。

11.《梵網經》云：此經是《梵網經盧舍那佛說菩薩心地戒品第十》的略稱，共上下兩卷，後秦鳩摩羅什譯，近世有學者將之列爲疑經，但其確爲中國菩薩戒經中最受重視及弘揚最廣的一部菩薩戒經。天台宗的智顗、華嚴宗的賢首法藏、新羅的義寂及太賢，均曾爲此經造疏。

此處《教觀綱宗》所引經文，出於該經卷下，原文是說，釋迦世尊「從初現蓮花藏世界，東方來入天王宮中，說魔受化經已，下生南閻浮提迦夷羅國……吾今來此世界八千返，……坐金剛華光王座……爲此地上一切衆生凡夫癡闇之人，說我本盧舍那佛心地中，初發心中常所誦一戒，光明金剛寶戒。」旭師引此經證，說明在佛說《法華經》之前，早已有了開迹顯本的思想，不僅是從釋尊此身成道後開始，乃至已經下降過人間八千次往返了。

12.「涅槃」：涅槃是佛陀八相成道的最末一相，天台家將佛說法華及涅槃二經合爲一時，《法華經》會三乘盡歸一乘，《涅槃經》扶律談常，攝盡一切衆生，而言一切衆生悉有佛性。因此天台宗所依的第一根本聖典是《法華經》，第二根本聖典即是《涅槃經》。

13.「八相之中，各具八相」：所謂八相，是佛的一生過程，共有八大階段，通常是指：降兜率、入胎、住胎、出胎、出家、成道、轉法輪、入滅。然於《天台四教儀》，則除第三住胎而加第五降魔。所謂八相的每一相都具足八相，是八相的每一相，各各互具八相，那就前前具足後後，後後亦具足前前了，故稱「不可思議」。所以，華嚴時可通後際，法華涅槃時也可通前際。

14.「大涅槃經追敘阿闍世王懺悔」：通常都說，如來於涅槃之前的一日一夜之間，宣說《涅槃經》，其實《涅槃經》的內容，也不僅屬於最後一日一夜的事，例如北涼曇無讖譯出的《大般涅槃經》卷十九及二十「梵行品第八之五及六」，即有追敘阿闍世王由於逆害父王，心生懺悔，遍體生瘡，群醫束手，外道六師亦不能治，最後來見釋迦世尊，佛稱無上醫王，即爲阿闍世王入月愛三昧，放大光明，往照王身，瘡苦除愈，身得安樂。這是一則相當長的故事，故非如來最後一日一夜之間發生的事。

三、何謂別五時

原文

次明別五時者，乃約一類最鈍聲聞，具經五番陶鑄，方得入實。所謂初於華嚴，不見不聞，全生如乳。

〔旭師自註云〕：華嚴前八會中，永無聲聞，故云不見不聞。至第九會入法界品，在祇園中，方有聲聞，爾時已證聖果，尚於菩薩境界，如啞如聾。驗知爾前縱聞華嚴，亦決無益。然舍利弗等，由聞藏教，方證聖果，方預入法界會，則知入法界品，斷不說在阿含前矣。人胡略不思察，妄謂華嚴局在三七日內耶？

語譯

現在再說明「別五時」，那是由於一類最鈍根機的聲聞大眾，必須逐次經歷五個階段的陶鑄鍛鍊，才能進入實相教者，故分設五時。

所謂最初，於華嚴會中，不見亦不聞，好像《涅槃經》五味中的全生乳。

〔旭師自註云〕：《華嚴經》九會的前八會中，從未有聲聞會眾，故云不見不聞。到了第九會的〈入法界品〉，是在祇園精舍中，始見有聲聞眾參加的記載，當時他們已證小乘聖果，唯於菩薩境界，尚是如啞如聾。以此驗知，在這之前，縱然聽聞了華嚴，也決不會得益。不過，舍利弗等聲聞眾，先已聽聞小乘三藏教義，方證聖果，方來參與入法界會，由此可知，佛說〈入法界品〉，決定不是在說《阿含經》之前了。有人為什麼不審思細察，而妄謂《華嚴經》僅是在三七日內說出的呢？

註釋

1.「全生如乳」：原典出於《大般涅槃經》卷十四所說五味教法的一種，所謂五味是指：「從牛出乳，從乳出酪，從酪出生酥，從生酥出熟酥，從熟酥出醍醐。」譬喻：「從佛出生十二部經，從十二部經出修多羅，從修多羅出方等經，從方等經出般若波羅蜜，從般若波羅蜜出大涅槃，猶如醍醐。」五味既喻如上的教法次第，也喻人根次第，如該經卷第十有云：「聲聞如乳，緣覺如酪，菩薩之人如生熟酥，諸佛世尊猶如醍醐。」

2.「如啞如聾」：譬喻在佛說《華嚴經》的大會上，舍利弗等諸聲聞眾，有耳不聞頓教大法，有眼不見盧舍那身，所以不能有一語讚歎，因此如聾如啞。《華嚴經》中並無如此的形容語句，乃是天台智者採取晉譯《華嚴經》卷四十四的一段經文文義而作，見於《法華文句》卷四及卷六，《法華玄義》卷十等，皆稱「如聾如啞」。此處倒置，諒係同義。

原文

次於阿含，聞因緣生滅法，轉凡成聖，如轉乳成酪。

〔旭師自註云〕：酪即熟乳漿也。

語譯

其次他們再於佛說《阿含經》時，得聞因緣生滅之法，而轉凡夫成聖者，猶如轉生乳成乳酪。

〔旭師自註云〕：所謂乳酪，即是煮熟了的乳漿。

註釋

1.「因緣生滅法」：佛於《雜阿含經》處處說因緣生滅法，其標準的經文如《雜阿含三五〇經》云：「何所有故此有，何所起故此起，何所無故此無，何所滅故此滅……所謂此有故彼有，此起故彼起，謂緣無明、行，乃至純大苦聚集，無明滅故行滅，乃至純大苦聚滅。」又如三三五經有云：「此有故彼有，此起故彼起，如無明緣行，行緣識，廣說乃至純大苦聚集起；又復此無故彼無，此滅故彼滅，無明滅故行滅，行滅故識滅，如是廣說乃至純大苦聚滅。」二九六經說：

「云何爲因緣法？謂此有故彼有，謂緣無明行，緣行識，乃至如是如是純大苦聚集；云何緣生法？謂無明、行，若佛出世，若未出世，此法常住，法住法界；彼如來，自所覺知，成等正覺，爲人演說，開示顯發。」

阿含的教法，就是因緣生滅法，說明衆生（人）的生死流轉，即由於業感緣起的苦因及苦果，循環相依，共有十二緣起支，通稱十二因緣，《阿含經》稱緣無明而有行、緣行而有識、緣識而有名色、緣名色而有六入等，乃至有生、有老、有死，名爲純大苦聚集；此爲「此有故彼有，此起故彼起」，緣有無明等而有生、有老死，緣有無明等起而有生、老死起；「有」與「起」，是苦的事實及苦的原因，故謂「純大苦聚集」，此即四聖諦中的苦諦及苦集諦。

如果由生死流轉而轉爲還滅解脫，也是因緣法，《阿含經》稱之爲「此無故彼無，此滅故彼滅」，緣無無明故無行，緣無行故無識，緣無識等故無生、無老死；緣無明滅故行滅，緣行滅故識滅，緣識等滅故生滅、老死滅；「無」與「滅」，是苦的原因無，是苦的事實滅，故謂「純大苦聚滅」。此即四聖諦中的苦集諦滅、苦諦亦滅，作此因緣生滅觀者，便是修持苦滅的道諦。也就是說，依此因緣法而修四聖諦，便是正知、正見、正行等的道品次第。

《阿含經》的精義，即是「因緣生滅法」，它即是具有永恆性及普遍性的眞理，所以要說：「若佛出世，若未出世，此法常住，法住法界」了。如來成道，就是悟得了因緣生滅法，如來度衆生，亦是說的因緣生滅法。聲聞乘及緣覺乘的人，能夠轉凡成聖，也是由於聽聞了因緣生滅法。

2.「轉凡成聖」：轉六凡法界的衆生，成四聖法界的大小聖衆，均稱轉凡成聖。唯於此處是指由小乘根器的凡夫，聽聞《阿含經》的因緣生滅法，即同如來於鹿野苑，轉四聖諦法輪，使五比丘得度，證阿羅漢果。聲聞聖者，共有四階，預流果、一來果、不還果、阿羅漢果。此四又名初、二、三、四果，初果斷盡三界見惑，於欲界的天上人間極七返，必證阿羅漢果；二果斷欲界九品思惑中的前六品，於欲界的天上人間再有一返，即證阿羅漢果；三果斷盡欲界九品思惑中的後三品，不再還來欲界位，此身捨報即生色界五淨居天；四果阿羅漢，超出非想非非想處，斷盡一切見思二惑，永入涅槃，不再來生三界。

原文

次聞方等，彈偏斥小，歎大褒圓，遂乃恥小慕大，自悲敗種。雖復具聞四教，然但密得通益，如轉酪成生酥。

語譯

其次他們又聽到方等經典之中，宣說以圓教彈呵藏、通、別三教的偏僻，以通、別、圓的大乘教斥責三藏小乘教，並且稱歎大乘、褒揚圓教的教法。就使得這些聲聞大衆，以小乘爲恥而欣慕大乘，自悲原屬於大乘法門中的焦芽敗種。他們因此接受大乘，雖也都聽到藏通別圓的四教，不過，在骨子裏實得通教大乘的利益，這好像轉酪而成了生酥。

註釋

1.「方等」：據天台家對方等的解釋有三種。⑴約理釋。方是正方，等是平等，中道之理是正方的，是生佛平等的。《四教儀集解》卷上云：「（空、假、中）三諦共談，理方等也，若理方等，五時之中唯除鹿苑，餘皆有之，以諸大乘經，悉談三諦，故云大乘方等經典。」旭師的《閱藏知津》卷二亦云：「方等亦名方廣……是則始從華嚴，終大涅槃，一切菩薩法藏，皆稱方等經典。」⑵約事釋。方為廣義，等為均義，如來於第三時中所說諸經，廣說藏通別圓四教，平均利益一切利鈍根機的衆生，故名方等。《四教儀集解》卷上有云：「今之方等者，四教俱說，事方等也……若事方等，正唯在於第三時也。」⑶約事理釋。方為方法，有門、空門、雙亦門、雙非門，即是四門方法，等是平等的理體，依四門之方法，各契平等之理體，便名為方等。

2.「彈偏斥小，歎大褒圓」：此中的「偏」理是對「圓」理而言，「小」乘是對「大」乘而說。站在方等經典的立場，方等諸經是大乘，談圓理，所以廣說藏通別圓四教，依四門方法，契平等之理。小乘聖者，只證偏空涅槃，亦名偏眞，法門狹小，又名偏小，所以《法華經．五百弟子授記品》形容小乘涅槃如酒醉，貪著涅槃境，不再度衆生，不欲求佛道，但非究竟。若以《維摩經》為例，〈弟子品〉舍利弗、目犍連等聲聞弟子，均說「不堪任詣彼問疾」，因爲維摩詰居士是大乘菩薩，法門廣大，聲聞弟子相形見絀。〈觀衆生品〉中敘述維摩丈室，有一天女，以神力在諸菩薩及諸大聲聞弟子上空散花供養，花至諸菩薩身，即皆墮落，至諸大弟子身，便著不墮，證明小乘聖者，偏而不圓。〈入不二法門品〉，諸菩薩衆各說不二法門，至維摩自己，則「默然無語」，文殊菩薩便歎說：「善哉善哉，乃至無有文字語言，是眞入不二法門。」這便是「歎大褒圓」。若以天台家的標準，四教之中，藏、通、別的三教，皆名偏教，唯有圓教名圓，故於《摩訶止觀》卷三下有云：「偏名偏僻，圓名圓滿。」

3.「恥小慕大，自悲敗種」：亦以《維摩經》爲例，諸大聲聞弟子於〈弟子品〉中，心懷慚愧，不敢往詣維摩菩薩所問疾，是爲「恥小」。〈問疾品〉中有五百聲聞弟子，均欲隨從文殊菩薩前往維摩住處，聽聞二位大士共談一切菩薩法；〈不思議品〉中，迦葉云：「一切菩薩，應大欣慶，頂受此法」，是爲「慕大」。〈佛道品〉中，迦葉自稱：「我等今者，不復堪任發阿耨多羅三藐三菩提心」，是爲「自悲」。〈不思議品〉中，迦葉說：「皆應號泣，聲震三千大千世界」，亦是「自悲」；同品迦葉又說：「我等何爲永絕其根，於此大乘，已如敗種。」又於〈佛道品〉中，迦葉云：「而今我等，永不能發（無上菩提心），譬如根敗之士。」是爲「自悲敗種」。《涅槃經．如來性品》，亦有云：「譬如焦種，雖遇甘雨，百千萬劫，終不生芽。」由此可知，天台家對於方等經典，是以《維摩經》作爲典範，智者大師亦撰有《維摩經玄疏》六卷。通常所說「焦芽敗種」，實係結合了涅槃及維摩二經的經句所成。

原文

次聞般若，會一切法，皆摩訶衍，轉教菩薩，領知一切佛法寶藏。雖帶通別，正明圓教，然但密得別益，如轉生酥成熟酥。

語譯

其次，他們又聽到佛說般若部的諸經，會整一切三乘教法，皆爲大乘摩訶衍法，並命以之轉向菩薩宣說，使得聽者領知如《法華經．信解品》所說的「如來知見寶藏」。唯此般若教法，雖亦附帶大乘通教及別教，主要是講圓教；就其實底而言，但得別教大乘的利益，此猶如把生酥轉變成熟酥一般。

註釋

1.「般若帶通別，正明圓教」：《般若經》的教法，在化法四教中，雖帶通別二教，但是正明圓教。依據旭師《教觀綱宗釋義》第七條的說明，以為般若會通一切世出世法，皆屬大乘的互具互融，所以是圓教。或有說，法性離一切相，既非生死，亦非涅槃，既非有為，亦非無為等，則是帶別教義。或有說，一切法如幻如夢；或有說，諸法實相，三乘同證，則是帶通教義。原因是般若闡明空及有的共與不共，共即是諸法本空，三乘同證出三界的因果幻縛，是通教義；不共即是第一義空，菩薩獨入，斷三土（共有四土）及二死的因果，是別圓二教義。假若說，依第一義空，得成諸法，猶是別教義；假若說，即第一義空，頓具諸法，諸法無非第一義空，乃是圓教義了。若細讀大部般若，便可以發現，顯發圓義者爲多，爲了鈍根人，則略帶通別，乃屬方便。後人判般若爲空宗者，但得共意，尚未知般若具有別教義，當然更不能知道般若正明圓教義了！此爲旭師有別於其他天台家的識見，目的在於證明，般若部經典未必僅屬通教，其實是雖帶通別而正明圓教，將般若部也置於圓教的地位。

2.「一切佛法寶藏」：此語的根據是《法華經‧信解品》所云：「一切諸佛祕藏之法，但爲菩薩演其實事。」〈法師品〉又有云：「是法華經藏，深固幽遠，無人能到。」智顗的《法華文句》卷八上，對此的解釋是：「祕要之藏者，隱而不說爲祕，總一切爲要，眞如實相，包蘊爲藏。」《維摩經》的〈法供養品〉，有「能令衆生，入佛法藏」句；《無量壽經》卷上，亦有「入佛法藏，究竟彼岸。」此處是說，使得聽聞了《般若經》教法的人，就能知道如何深入一切諸佛所說的法寶祕藏了。這是但爲大乘菩薩演說的眞實之教。菩薩成佛，由此而入，所以稱爲「入佛」的「法藏」。

原文

次聞法華，開權顯實，方得圓教實益。如轉熟酥而成醍醐。

語譯

其次他們再從佛陀聽聞《法華經》的教法，知道以前諸種教法，都是權巧方便，目的是爲了顯露《法華經》的眞實之教，至此他們始得圓教的眞實利益，此猶如把熟酥轉變成爲醍醐一般。

註釋

「醍醐」：此是《涅槃經》中所說，牛乳所成五味之中的最上味，又是藥中的最上藥。例如該經卷三有云：「醍醐者名爲世間第一上味。」又云：「諸藥中醍醐第一，善治衆生，熱惱亂心。」可知醍醐既是味中之王，也是藥中之王。天台家則以醍醐的譬喻，自稱是「諸經中王」的《法華經》（見於〈藥王品〉）。然於

《涅槃經》卷十四所舉，是說：「從十二部經出修多羅，從修多羅出方等經，從方等經出般若波羅蜜，從般若波羅蜜出大涅槃，猶如醍醐。言醍醐者，喻於佛性。」很明顯的，這段經文中的醍醐，是指《涅槃經》中所說的佛性。因爲《涅槃經》的教法，善用譬喻，將救濟一切衆生的方便，喻爲毒鼓，那是救濟包括十惡五逆之人及一闡提人，能夠除盡一切衆生的煩惱諸障；喻爲醍醐者，是能治癒一切衆生的一切心病。

世間另有「醍醐灌頂」的成語，雖未見於佛經，而源出於佛經，喻以智慧之語，發人深省，除人煩惱，予人清涼豁達之感。例如顧況詩云：「豈知灌頂有醍醐，能使清涼頭不熱。」天台家以醍醐味，喻法華及涅槃時的教法，即在推崇此二經是佛法中的最上乘法。

原文

然只此別五時法，亦不拘定年月日時，但隨所應聞，即便得聞。如來說法，神力自在，一音異解，豈容思議？又有根稍利者，不必具歷五味，或但經四番、三番、二番陶鑄，便得入實。若於阿含、方等、般若，隨一悟入者，即是祕密、不定二種化儀所攝。復有衆生，未堪聞法華者，或自甘退席，或移置他方，此則更待涅槃捃拾，或待滅後餘佛，事非一概。熟玩法華玄義、文句，群疑自釋。

語譯

可是，這種別五時的教法，也不一定會侷限於如一般天台學者所劃定的年月日時那樣，只要是誰於何時應該聽聞什麼，便可聽到他所當聽的教法。這是由於如來說法，乃以自在的神通之力，能以同一種聲音而令聽衆各得其解，還用得著我們來思索議論嗎？

又有根機稍利的人，也不一定非得要經歷全部的五個時段，才能得到第五種法味，其中有人或經四個、或經三個、或經兩個時段的陶冶鑄鍊，便能得入第五時最上的實理。假若能於阿含、方等、般若的三種教法之中，隨其一種而得悟入實相的人，便屬於化儀四教中的祕密及不定二教所接引的。

又有一類衆生，尚不夠聽懂《法華經》的程度，若非自甘退出《法華經》的法席，便是被如來以神力移置他方。這一類衆生，則要等待到佛說《涅槃經》時，來收拾此前各時所遺漏者；或者待至釋尊滅度之後，讓其餘的佛來化度了。可知機教之事，決不是一成不變的。如果熟讀智者的《法華玄義》及《法華文句》，則以上所辨有關通別五時的許多疑點，便可自然釋懷了。

註釋

1.「別五時」：此段文字是通別五時論的總結。雖說別五時，也僅對於一類衆生的根機，需全歷五時，其餘有的只歷四時、三時、二時的，所以是別中也有通的。尤其重要的是，在此再度指出，雖名別五時，也不會就如《四教儀備釋》及《四教儀集註》等所說的那樣，在什麼固定的年月日時之內，如來僅說某一類的教法。

2.「一音異解」：源出於《維摩經．佛國品》有云：「佛以一音演說法，眾生隨類各得解。」智者的《摩訶止觀》卷七下對此的解釋是：「一音殊唱，萬聽咸悅。」因此，一音有多解，⑴佛用同一種語言及語音說法，而使各類種族的眾生都能聽懂，⑵佛說同一種法門，不同根機的眾生便獲得各自所懂的教法，⑶佛的聲音相同，說的教法深淺不同，聽眾也各取其所需，各知其所知。

此處天台家所說的「一音異解」，則如《法華經．藥草喻品》的天澍一雨而普潤三草二木；可知智者所說的一音殊唱，應係指第二及第三種。《維摩經》所說的一音，當係指第一、第二種。

3.「自甘退席」及「移置他方」：此二典故，皆出於《法華經》。

⑴於〈方便品〉中，敘述舍利弗三請如來宣說《妙法蓮華經》，因佛預告：「若說是事，一切世間天人阿修羅皆當驚疑，增上慢比丘將墜於大坑。」故當如來如其所請而欲說《法華經》時，「會中有比丘、比丘尼、優婆塞、優婆夷，五千人等，即從座起，禮佛而退。所以者何？此輩罪根深重及增上慢，未得謂得，未證謂證，有如此失。」此即增上慢人自甘退

席的例子。

⑵同經〈見寶塔品〉敘述釋迦如來以神通力，三度變穢土為淨土，被稱為「三變土田」，在第二變中，於此界的「八方各更變二百萬億那由他國，皆令清淨，無有地獄、餓鬼、畜生及阿修羅；又移諸天人，置於他土所化之國。」這就是將衆生移置他方的例子。

4.「涅槃捃拾」：捃拾即是收拾義。依天台家說，既於《法華經》開顯一乘，嗣後又說《涅槃經》，開顯一乘；有在法華教法中尚未得度者，還有被涅槃教網來收拾的機會，故稱《涅槃經》為捃拾教。此語非出於經典，乃初見於《法華文句》卷十上有云：「今世五味，節節調伏，收羅結撮，歸會法華。譬如田家春生夏長，耕種耘治，秋收冬藏，一時穫刈。自法華已後，有得道者，如捃拾耳。」天台註釋家又將《法華經》稱為大收教，與《涅槃經》的捃收教相對，例如湛然的《法華玄義釋籤》卷二有云：「法華開權，如已破大陣，餘機至彼，如殘黨不難；故以法華為大收，涅槃為捃拾。」

為何要說《涅槃經》為捃拾或捃收教？是因末代比丘，生起惡見，由如來入了涅槃而執無常，或偏貴理性而廢行事的戒律，遂失法身常住之慧命。爲了對治這些人的斷滅見，所以如來於《涅槃經》中，扶律談常，乘戒具足。例如《法華玄義》卷十下有云：「涅槃臨滅，更扶三藏，誡約將來，使末代鈍根，不於佛法起斷滅見。廣開常宗，破此顚倒，令佛法久住。」這是站在天台家的立場，對於佛在《涅槃經》中何以一反《阿含經》所持無常的基本教法，而說佛的法身常住，何以一反《維摩經》所說，諸法皆入不二法門的立場，而主張同於三藏小教的重視戒律。所以標立《法華經》爲大收教，《涅槃經》爲捃拾教。

5.「滅後餘佛」：是指釋迦如來滅度之後，有待其他諸佛來度尚未得度的衆生。在《法華經‧從地涌出品》中有云：「有菩薩摩訶薩，名曰彌勒，釋迦牟尼佛之所授記，次後作佛。」另於同品有云：「見諸菩薩，遍滿無量百千萬億國土虛空，是菩薩衆中有四導師，一名上行，二名無邊行，三名淨行，四名安立行。」又於同經〈囑累品〉中，釋迦如來以右手摩無量菩薩摩訶薩頂，以《法華經》付囑，受持、讀誦、廣宣，令一切衆生普得聞知，諸菩薩摩訶薩俱發聲言：「如世尊勅，當具奉行。」當時亦有從十方前來的諸分身佛及多寶佛，還有上行等四大導師菩薩在場。以此可知，所謂滅後餘佛，就狹義而言，是指彌勒菩薩當來於此界成佛，廣義而言，則指四導師等諸菩薩摩訶薩衆，也將成佛。何況已於〈譬喻品〉及〈授記品〉等之中，如來已爲諸大聲聞弟子，授了「於最後身，得成爲佛」的預記。尚未化度者，當待此等餘佛來化度了。又如德義的《贅言》卷上則云：「如天台南嶽等四依弘經大士是也。玄七云：凡夫之師，亦能此土弘經，令他得權實七益。」「南嶽云：初依名餘佛，無明未破，名之爲餘，能知如來祕密之藏，深覺圓理，名之爲佛。」是則凡夫弘揚《法華經》者，也能算是餘佛了。

化儀四教

如前文的八教註釋文中所說：「化儀是如來爲了適應各類衆生根器而設的教化軌道」，以其分作四類等次，故稱爲化儀四教。與化法四教並列，合稱爲八教，加上前面所介紹的五時，總名爲五時八教，即是全部天台教判的綱格。

所謂化儀四教，條例如下：

一、頓教

原文

頓有二義：一頓教部，謂初成道，為大根人之所頓說，唯局華嚴。

〔旭師自註云〕：凡一代中，直說界外大法，不與三乘共者，如梵網、圓覺等經，並宜收入此部，是謂以別定通，攝通入別也。

二頓教相，謂初發心時，便成正覺，及性修不二、生佛體同等義，則方等、般若諸經，悉皆有之。

語譯

頓教有二重涵義，第一是頓教部。即指釋尊初成佛道時，爲大根大機的人所說，那就只限於《華嚴經》的七處八會之說了。

〔旭師自註云〕：凡在釋尊一代時教之中，直接說了出世間的大乘教法而不與三乘教法相共者，例如《梵網經》、《圓覺經》等，都應收入此頓教部。這就是以別五時中華嚴頓大教法作標準，來確定頓大教法的通五時；又可將通五時中說頓大教法的經典，如：《梵網》、《圓覺》等經，收攝歸併到別五時的頓教部中來。

第二是頓教相。即指《華嚴經．梵行品》所說：「初發心時，便成正覺。」以及理性與事修不二、衆生與諸佛同體等的道理。如此則方等諸經、般若諸經，也都有頓教相的份了。

註釋

1.「界外」與「三乘」：界外是三界之外的諸佛淨土，稱爲界外國土；若能超越三界生死，亦得名爲界外。然於天台家有界外教及界外土之分，界外土又有方便有餘土與實報無障礙土的差別。至於界外教，是以四教中的藏通二教爲界內教，別圓二教爲界外教，例如《法華玄義》卷五上有云：「若隨界外好樂，說後兩教位。」同書卷六下亦云：「三藏不說界外生。」以此可知，界內的藏通二教，僅化界內三乘人，唯別圓二教，化界外大乘菩薩。

「三乘」亦有小乘的三乘及大乘的三乘之別，小乘三乘是指聲聞、緣覺、釋尊成佛之前的菩薩階段。大乘三乘是以聲聞、緣覺的二乘爲小乘，菩薩爲大乘，合稱爲大小三乘，《法華經・譬喻品》，即以羊、鹿、牛之三車，譬喻如來的三乘教法；以大白牛車，譬喻唯一佛乘的《法華經》。此處旭師所說的三乘，是指四教中的通教，也就是三乘共十地的層次，故與界外別圓二教的梵網、圓覺等經，是不相共通的。

2.「以別定通」與「攝通入別」：以別五時的《華嚴經》唯說頓大教法作爲標

準，比較華嚴時以外的其餘四時中，若也有這類只說頓大教法的經典，即能判定華嚴教法的通五時可以成立，這叫做以別定通。又若將其餘四時中此類只說頓大教法的經典，收攝歸入華嚴時的頓教部中，這叫做攝通入別。華嚴時如此，其餘四時也都可如此。

3.「初發心時，便成正覺」：此語出於晉譯《華嚴經》卷八〈梵行品〉的末段，有云：「初發心時，便成正覺，知一切法，眞實之性，具足慧身，不由他悟。」這是圓頓教相的初發無上菩提心，與圓滿成就的無上菩提心，是相即相融的，此乃是因果同時論的華嚴思想。

4.「性修不二」與「生佛體同」：性與修，即是理與事、或者性與相。性修是就修證與佛性而言的，若站在漸教的立場，須經道品的事修然後證理體的佛性；今就頓教的立場而言，事相的修證和本然的理性，乃是不一不二的，性是即修之性，修是即性之修。也正由於如此，衆生與諸佛的體性相同相即，相攝相融。旭師思想的特色，便是性修不二、性相圓融，與此頓教的立場，不無關係。

二、漸教

原文

漸亦二義：一漸教部，謂帷局阿含為漸初。〔旭師自註云〕：凡一代中，所說生滅四諦、十二緣生、事六度等，三乘權法，並宜收入此部。

方等為漸中。〔旭師自註云〕：凡一代中，所説彈偏斥小、歎大褒圓等經，及餘四時所不攝者，並宜攝入此部，如增上緣，名義寬故。

般若為漸後。

〔旭師自註云〕：凡一代中，所說若共不共，諸般若教，並宜攝入此部。

二漸教相，謂歷劫修行，斷惑證位次第，則華嚴亦復有之；法華會漸歸頓，不同華嚴初說，故非頓，不同阿含、方等、般若，隔歷未融，故非漸，然仍雙照頓漸兩相。

語譯

漸教亦有二重涵義：

第一是漸教部。那僅侷限在《阿含經》，稱爲漸教之初。

〔旭師自註云〕：凡在釋尊一代時教之中，所說生滅四諦、十二緣生、事相的六度等教法，都屬於三乘的權法，一併皆宜收入此漸初部內。

方等經典，稱爲漸教之中。

〔旭師自註云〕：凡在釋尊一代時教之中，所說彈偏斥小、歎大褒圓等經典，以及方等時之外的其餘四時所不攝的諸經，一併皆宜攝入此漸中部內。猶如增上緣一般，因其含攝的名義比較寬廣之故。

般若經稱爲漸教之後。

〔旭師自註云〕：凡在釋尊一代時教之中，所說三乘共般若及大乘不共般若的一切教法，一併皆宜攝入此漸後部內。

第二是漸教相。是指歷劫修行的過程中，斷諸惑、證果位的次第，那就連同《華嚴經》也還是有的；至於《法華經》，是會合漸教同歸頓教，不同於《華嚴經》之初說，故不是頓教，也不同於阿含、方等、般若的三類經典，因爲這三類經典，不能與《法華經》的純圓相接，故稱爲隔歷未融，所以《法華經》不是漸教。可是《法華經》開前之漸頓二教，同歸《法華經》的圓頓之頓教，所以仍然是雙照頓漸二種教相。

註釋

1.「頓教」與「漸教」：若據《四教儀》所明，在五時之中，頓教攝華嚴時，漸教則統攝阿含、方等、般若的三時，唯有法華時是「開前頓漸、會入非頓非漸」的開權顯實，或名會三歸一，置《法華經》於頓漸二教之上的最高地位。

若以旭師的《教觀綱宗》所論，原則上雖然接受天台化儀四教對於所屬經典的配置，但卻提出他自己的看法，認爲並非僅有華嚴才是頓教，例如梵網、圓覺等經，可收入頓教部，方等及般若諸經之中，亦有頓教相；並非僅是阿含、方等、般若的三類經典是漸教。凡是諸經典中宣說生滅四諦、十二緣生、六波羅蜜者，皆宜入漸初教；凡是諸經典中宣說彈偏斥小、歎大褒圓者，皆宜入漸中教；凡是諸經典中宣說共不共般若者，皆宜入漸後教。

若論修證次第，果位高下，稱爲漸教相者，則《華嚴經》中亦有漸次的教相；法華雖稱非頓非漸，確實也先有前開頓漸，而後會入非頓非漸，故稱之爲雙照頓漸兩相。此乃旭師的頓漸二教觀。

2.「歷劫修行」與「斷惑證位」：經過長時間的漸次修證，稱爲歷劫修行。以三乘聖者而言，聲聞的阿羅漢，是速則三生，緩則六十劫；辟支佛是快則四生，慢則百劫；成佛則爲三大阿僧祇劫，通常稱爲三祇修福慧，百劫嚴相好。大小乘聖者的歷劫修行，均依道品次第，漸斷諸惑、漸歷諸位。此待後文介紹。

三、祕密教

原文

祕密亦有二義：一祕密教，謂於前四時中，或為彼人說頓，為此人說漸等，彼此互不相知，各自得益。〔旭師自註云〕：法華正直捨方便，但說無上道，故非祕密。二祕密咒，謂一切陀羅尼章句，即五時教中，皆悉有之。

語譯

祕密教亦有二重涵義：第一是祕密之教。此於前面的華嚴、阿含、方等、般若的四時之中，或者於同一時中，亦有爲那些人說頓教，又爲這些人說漸教等，他們彼此之間，互不相知而各自獲得利益。

〔旭師自註云〕：《法華經》的〈方便品〉中已明說：「正直捨方便，但說無上道。」所以唯此法華時，不屬於祕密教。

第二是祕密神咒。即係一切的陀羅尼章句，此在五時之中的各部經典，都是有的。

註釋

1.「祕密教」與「祕密咒」：天台家所說的祕密教，是指化法四教中的一種教法功能，由於聞法者之間，各得不同層次的利益而互不相知，故稱祕密。並非如來說法時採用密傳密授的形式，讓衆人皆知那是一種祕密的行爲，故此與印度後期大乘的密教（Esoteric Buddhism）不是同一回事。大乘的密教當然重視祕密咒（Mantra），所以被稱爲密乘或眞言乘（Mantra Yana），但是除了被天台家列爲方等時的密乘諸經，其他從華嚴、阿含、般若、而至法華的諸經之中，都說有密咒，故此祕密神咒，並非印度後期大乘之所獨有。

密咒，又名祕密咒、明咒、神咒，是眞言陀羅尼的總稱。所謂陀羅尼（Dhāraṇī）章句，是以整篇的密咒爲章，單獨數語的密咒爲句，也可即以所有的密咒爲陀羅尼章句。陀羅尼的漢譯爲總持，分爲四種：⑴法陀羅尼、⑵義陀羅尼、⑶咒陀羅尼、⑷得菩薩忍陀羅尼。此處的祕密咒，是其第三種。

2.「正直捨方便」：此爲《法華經・方便品》的經句，天台家的解釋，是以正對偏，以直對曲，《法華經》非屬通別二教之偏，故名爲正；亦非如人天五乘之曲，故名爲直。正直一道，即是純圓的一佛乘教《法華經》。捨通別二教之偏及捨人天五乘之曲，便是捨方便的權大乘而會歸純圓的實大乘。例如《法華文句》卷五釋此經句云：「五乘是曲而非直，通別偏傍而非正，今皆捨彼偏曲，但說正直一道也。」

四、不定教

原文

不定亦有二義：一不定教，謂於前四時中，或為彼人說頓，為此人說漸，彼此互知，各別得益；即是宜聞頓者聞頓，宜聞漸者聞漸也。

〔旭師自註云〕：法華決定說大乘，故非不定教相。

二不定益，謂前四時中，或聞頓教得漸益，或聞漸教得頓益，即是以頓助漸、以漸助頓也。

〔旭師自註云〕：隨聞法華一句一偈，皆得受記作佛，故非不定益也。

語譯

不定教亦有二重涵義：第一是不定教。是說在前四時的諸經之中，或者有爲那些人宣說頓教，而爲這些人宣說漸教，他們彼此之間，互相知道，如來是爲適應不同根機的人說不同層次的教法，各取所取，各自得益。也就是說，有人適宜聽聞頓教者，便聽聞頓教；有人適宜聽聞漸教者，便聽聞漸教。

〔旭師自註云〕：《法華經》在〈方便品〉中已說是「決定說大乘」的，所以不屬於不定教相。

第二是不定益。是說在前四時的諸經之中，或者有人聽聞頓教而得漸教利益，或者有人聽聞漸教而得頓教利益；此也即是以頓教補助漸教，以漸教補助頓教。

〔旭師自註云〕：經說隨聞《法華經》的一句一偈，皆能得到佛的授記作佛，所以《法華經》不屬於不定得益。

註釋

1.「決定說大乘」：此句出於《法華經・方便品》，其前後文共爲一偈云：「今正是其時，決定說大乘，我此九部法，隨順衆生說。」此中九部法，有小乘九部及大乘九部，聽聞九部經是漸教，聽聞唯一佛乘的《妙法蓮華經》是決定、是非漸非頓的純圓大乘，故不屬不定教。

2.「隨聞法華，一句一偈，皆得受記作佛」：此三經句，引自《法華經》卷四〈法師品〉，原經文句是，釋尊告知藥王菩薩及八萬大士說：「咸於佛前，聞妙法蓮華經一偈一句，乃至一念隨喜者，我皆與授記，當得阿耨多羅三藐三菩提。」接下來又說：「如來滅度之後，若有人聞妙法蓮華經，乃至一偈一句，一念隨喜者，我亦與授阿耨多羅三藐三菩提記。」所以若聞《法華經》，非得不定益，而是決定會得授記作佛之益。

五、化儀四教的教部教相

原文

頓教部，止用圓別二種化法；漸教部，具用四種化法；顯露不定既遍四時，亦還用四種化法；祕密不定亦遍四時，亦還用四種化法。

頓教相，局帷在圓，通則前之三教，亦自各有頓義，如善來得阿羅漢等；漸教相，局在藏通別三，通則圓教亦有漸義，如觀行、相似、分證、究竟等。

祕密教，互不相知，故無可傳；祕密咒，約四悉檀，故有可傳。

不定教，不定益，並入前四時中，故無別部可指。

語譯

頓教部的教法。唯用化法四教中的圓教及別教；漸教部的教法，則具足運用化法四教的藏、通、別、圓的全部；顯露的不定教，既然遍於華嚴、阿含、方等、般若的四時，當亦還是要具足運用化法四教之藏、通、別、圓的全部；祕密不定教，既亦遍於四時，當亦還是要具足運用化法四教的全部了。

頓教相的修證。若就侷限而言，當然惟在化法四教的第四圓教；若就共通而言，則於化法四教的藏、通、別前三教中，亦自各有其頓教相的內涵，例如《阿含經》中有不少「善來比丘」，都是頓證阿羅漢果的。

漸教相的修證，若就侷限而言，當然是在化法四教中的藏、通、別三教；若就共通而言，則在圓教之中，亦有其漸教的內涵，例如圓教的修證，亦有天台家所說六即佛之中的觀行即佛、相似即佛、分證即佛、究竟即佛等。

祕密教的教法及修證，既然是彼此之間，互不相知，故也沒有教部及教相可得傳聞；祕密咒的教法及修證，是約四悉檀爲規範，所以有可傳聞的。

不定教及不定益，既然並入於華嚴、阿含、方等、般若的前四時中，故亦沒有其他的教部教相可指了。

註釋

1. 「教部」與「教相」：教部，是將教法相同的經典，歸類在一起，形成各種不同的部別，如：頓教部、漸教部。教相，《妙玄》卷一上云：教者，聖人被下之言也；相者，分別同異也。例如於不同經典中，凡屬頓大的教法，皆名頓教相；次第修習的教法，皆名漸教相。化儀的頓、漸、祕密、不定四教，原則上均有教部及教相，唯以祕密教互不相知，祕密咒依四悉檀，不定教及不定益，並入於前四時中，可各隨其時教而分屬於不同的教部及教相，故不予論列。

2. 「祕密」與「不定」：依《教觀綱宗釋義》第八條的說明，此處的祕密與不定，具體地說，應云「祕密不定，顯露不定」，因爲是一音演說法，隨類異聞異解。若就互相知道而言，稱爲顯露不定；若就互不相知而言，稱爲祕密不定，故亦無可傳。可傳的便屬顯露不定。或有同聽如來一座說法，兩人所聞所解各不相同；若彼此相互知道，則爲顯露不定，若不相知，便是祕密不定。或有彼人知此人，此人不知彼人；或有此人知彼人，彼人不知此人。則約不知的人而言是祕密，約知的人而言是不定。

3.「善來得阿羅漢」：依據義淨的《南海寄歸傳》卷三的記載：「西方寺衆，多爲制法，凡見新來，無論客舊及弟子門人舊人，即須迎前，唱莎揭哆（Susvāgata），譯曰善來。」這是說，印度寺院的比丘們，對於來訪或來同住的客人，不論舊雨新知，每次初見時，規定都得唱言「善來」，以表示歡迎。

對於俗人前來欲隨佛出家者，根據此人的願力和已熟的根器，釋尊往往會以神力，只唱說一句「善來比丘」，此人立時頭髮自落，袈裟披身，頓成沙門，頓證四果，爲阿羅漢。例如《增一阿含經》卷十五等、《四分律》卷三十三等的三藏聖典之中，有不少與此類善來比丘相關的記錄。

4.「四悉檀」：悉檀是梵文Siddhānta的音譯，意譯爲「成」，以此四法成就衆生之佛道，名爲四悉檀。《大智度論》卷一所介紹的四種悉檀是，一者世界悉檀，二者各各爲人悉檀，三者對治悉檀，四者第一義悉檀。南嶽慧思禪師解釋，悉爲普遍義，檀爲施義，佛以此四法普施衆生，故名四悉檀；天台智者，亦隨南嶽的解釋，並將四悉檀用於解釋《法華經》文句，所謂四大釋例的第一因緣釋中。

悉檀，又有譯作悉曇、悉談，亦有意譯為「成就」。傳說悉曇章，本是梵天所製。另有一個梵字Siddhi音譯悉地，也有成就之義，並於密部的《大日經疏》卷十二有云：「悉地是眞言妙果，爲此果故而修因行，故此中成就者，是作業成就。」因此可知，悉檀一詞，也通用於顯密諸教了。

六、化儀四教的教觀

原文

約化儀教，復立三觀。謂頓觀、漸觀、不定觀。蓋祕密教，既不可傳，故不可約之立觀；設欲立觀，亦止是頓、漸、不定，三法皆祕密耳。

今此三觀，名與教同，旨乃大異。何以言之？頓教指華嚴經，義則兼別；頓觀唯約圓人，初心便觀諸法實相，如摩訶止觀所明是也。漸教指阿含、方等、般若，義兼四教，復未開顯；漸觀亦唯約圓人，解雖已圓，行須次第，如釋禪波羅蜜法門所明是也。不定教指前四時，亦兼四教，仍未會合；不定觀，亦唯約圓人，解已先圓，隨於何行，或超或次，皆得悟入，如六妙門所明是也。

〔旭師自註云〕：此本在高麗國，神洲失傳。

問：但說圓頓止觀即足，何意復說漸及不定？

答：根性各別，若但說頓，收機不盡。

問：既稱漸及不定，何故惟約圓人？

答：圓人受法，無法不圓；又未開圓解，不應輒論修證，縱令修證，未免日劫相倍。

語譯

就頓、漸、不定、祕密的化儀四教而言，也立三種觀法，那便是頓觀、漸觀、不定觀。至於祕密教呢？由於其既是不可傳，故亦不能據以立觀；假如要爲祕密教立觀，亦只是頓、漸、不定的三種觀法，不過都屬於祕密的性質而已。

現在這三種觀法，名字雖與三種化儀教相同，旨趣則大不相同。爲甚麼呢？因爲化儀的頓教，是指《華嚴經》，其內涵則亦兼有化法的別教。1.頓觀，則唯就圓教根機的人而說，他們一開始發起大菩提心，便觀諸法實相，此如《摩訶止觀》所講的那樣。化儀的漸教，是指的阿含、方等、般若諸經，其內涵雖已具備化法的藏、通、別、圓四教，但是還沒有到《法華經》的開權顯實程度。2.漸觀，則也唯就圓教根機的人而說，不過理解的程度雖已圓了，修行尚須次第漸觀，此如《釋禪波羅蜜次第法門》所講的那樣。化儀的不定教，是指五時中的前四時，華嚴、阿含、方等、般若諸經，亦兼化法的藏、通、別、圓四教，不過仍未到《法華經》的會合三乘歸一佛乘之程度。3.不定觀，亦唯就圓教根機的人而說，他們的理解程度先已圓了，然後隨著不同的修行法門，或超或次，皆得悟入，此如《六妙法門》所講的那樣。

〔旭師自註云〕：此《六妙門》存於高麗國，中國則失傳了。

問：看來，只要說了圓頓止觀，就已足夠，爲何又要說漸觀及不定觀呢？

答：由於衆生的根性各有不同，如果僅說頓教法門，便無法將各種根機的衆生全部收攝度化了。

問：文中既有法門稱爲漸觀及不定觀，爲何又只就圓教根機的人說呢？

答：因為，以圓教根機的人，接受任何法門，無不成為圓法；又由於他們在未開圓解之前，不應該立即從事圓教的修證，縱然讓他們修證，也難免會落於日劫相倍的誤差了。

註釋

1.「三觀」：有天台家的三觀、華嚴宗的三觀、慈恩宗的三觀、南山律宗的三觀，而以天台三觀最受漢傳佛教徒們之所熟知，那是指三諦三觀，又名一心三觀。是以空觀觀諸法之空諦，假觀觀諸法之假諦，中觀觀諸法亦非空亦非假，名為雙非之中，觀諸法亦空亦假，名為雙照之中觀。

此處所舉，有別於一心三觀而涵蓋一心三觀。此所謂頓、漸、不定之三觀，則係配合天台智者大師的三部書：⑴《摩訶止觀》所明，是一心三觀的圓頓止觀；⑵《釋禪波羅蜜次第法門》所明，是漸次止觀；⑶《六妙法門》所明，是不定止觀。此三種止觀之中，圓頓止觀是從實踐觀心的最高境界為著眼；漸次止觀是由基礎而至高深、以至究竟的修證為宗旨；不定止觀是將頓漸各種法門，前後交換，任取一法門，隨意自在運用，並非在頓漸兩種止觀之外，另有別的法門，如《六妙法門》云：「以衆生機悟不同故，有增減之數分別利物。」故有次第相生的六妙門、隨便宜而不簡次第的六妙門、還有隨對治諸障的六妙門，因此而說：「或（修）超（越三昧），或（修九）次（第禪定）等，皆得悟入」了。

《教觀綱宗》的這段文字，雖然簡短，確以三觀蓋羅天台宗的三種止觀，旭師雖稱《六妙法門》「在高麗國，神洲失傳」（現今則已存於《大正藏經》），因其內容就是《摩訶止觀》及《釋禪波羅蜜次第法門》兩書各十卷所說的內容，只是可以便宜運用，所以無妨旭師對於天台止觀的認知。

有關天台的三種止觀，最好自閱三書原著，否則亦宜閱讀日本天台學者關口眞大博士的論文〈天台止觀的構成和特色〉，其中文譯本現收於張曼濤主編的《現代佛教學術叢刊》第五十八冊。特別是中國禪宗的修學者，也當瞭解此三種天台止觀，庶不至於動輒就說大悟徹底，誤入邪見迷思以及魔境鬼域，未得謂得，未證謂證，還大言不慚地宣稱：「自修、自悟、自作證」，究竟是修什麼法門？悟什麼境界？證什麼果位？如果熟讀了天台的三種止觀，就不致以凡濫聖了。

因為天台宗的頓觀，是由圓人，依圓解，而觀諸法實相的不思議境，《摩訶止觀》云：「一空一切空，無假中而不空，總空觀也；一假一切假，無空中而不假，總假觀也；一中一切中，無空假而不中，總中觀也。即中論所說，不可思議一心三觀。」但在《摩訶止觀》的第一至第四卷，先明六個項目：大意、釋名、體相、攝法、偏圓、方便，接下來由第五卷起，才是「正修」，共有十項，在此十項的第一項是觀陰入界境，即含十乘觀法，其第一觀，即是觀不思議境，向後尚有眞正發菩提心、善巧安心、破法遍、識通塞、道品調適、對治助開、知次位、能安忍、離法愛等九觀。正修的十乘觀法觀陰入界境之後，尚有觀煩惱境、觀病患境、觀業相境、觀魔事境、觀禪定境、觀諸見境、觀上慢境、觀二乘境、觀菩薩境的九境，每一境都具足十乘觀法。可知圓頓止觀，乃是頓入、圓解、具足修行。請見附圖二（第三七四頁）

至於漸次止觀的《釋禪波羅蜜次第法門》，又通稱《禪門修證》，除了沒有十乘觀法的觀不思議境等，依次則有大意、釋名、明門、詮次、簡法心、方便、修證、果報、起教、歸趣，一共十門，重心是方便門及修證門。方便門中分有外方便的二十五方便，以及內方便的止、善惡根性、安心法、治病法、覺魔事；修證門分有世間禪、亦世間亦出世間禪、出世間禪、非世間非出世間禪。世間禪是指四禪、四無量心、四無色定；亦世間亦出世間禪是指六妙門、十六特勝、通明；出世間禪是指對治無漏，即是觀壞法的九想、八念、十想，觀不壞法的八背捨、八勝處、十一切處，鍊九次第定，薰師子奮迅三昧，修超越三昧。以下則與《摩訶止觀》的內容相通，故不說。因此，天台的三觀，是一體的、是互通的、是互補的，故在《摩訶止觀》中，亦常常說：「具如次第禪門」，把具體的說明，讓給《禪門修證》來完成。

2.「日劫相倍」：未開圓解者修一劫，還不如已開圓解者修一日，所以令開圓解，才是急務。意思是說，對於未開圓解的人，就不應該馬上和他們論說和著手圓頓止觀的修證，不宜立即勸令他們著手圓頓止觀的修證，縱然勸令這些人修證圓頓止觀，也是無從讓他們得到圓頓利益的。所以令開圓解，才是當先的急務。

化法四教

如前文的八教註釋文中所說：「化法是如來爲了適應各類衆生程度而設的教化範圍」，以其分作四個層次，故稱爲化法四教。據《教觀綱宗釋義》的前言所說：「化儀無體，全攬化法爲體，則藏、通、別、圓四教，乃教之綱也。」若以此與化儀四教對比，則知前章中的頓、漸、不定三觀，乃觀之綱也。可知天台學的教觀，全部雖總爲八教，而實以此化法四教爲其根本。

一、為何有化法四教

原文

法尚無一，云何有四？乃如來利他妙智，因衆生病而設藥也，見思病重，為說三藏教，見思病輕，為說通教，無明病重，為說別教，無明病輕，為說圓教。

語譯

諸法的實相無相，故尚無一法可得，何以會有四種化法？此乃釋迦如來慈悲，以佛的利他妙智，因應眾生各類的病況，對症下藥，大約分為四等：對於見思二惑病重的眾生，為他們說三藏教；對於見思二惑病輕的眾生，為他們說通教；對於無明病重的眾生，為他們說別教；對於無明病輕的眾生，為他們說圓教。

註釋

1.「法尚無一，云何有四」：依據《釋義》第九條的說明，諸法的寂滅之相，不可用語言宣說，諸法從本以來，是自然寂滅的，相既寂滅，又從何而來的一和四呢？這就是所謂「識取綱宗，本無實法」。由於眾生有種種病，須給種種藥，揭其大綱，只有四類，開權顯實，究竟歸一，一為實，三為權，權實相對，皆為不得已而有言。若論本體，不但不可名四，亦復不可名一，所以說是非權非實。什麼叫做非權非實？不是說在權實之外，別有一法名為非權非實，但以權即實家之權，故即非權；實即爲權家之實，故即非實。

2.「見思」、「塵沙」、「無明」：天台家將一切妄惑，結歸見思、塵沙、無明的三惑。

見思惑，亦名見修、又名四住、復名染污無知、或稱枝末無明、通惑、界內惑等。《四教儀集註》卷上云：「見思煩惱，分別曰見，貪愛曰思。」見惑是指對於諸種邪妄的道理，起分別計度，產生我見、邊見等的妄惑。思惑是指對於人事物，起貪瞋癡等的迷情，以見惑稱爲理惑，以思惑稱爲事惑。見惑是迷於無常、無我等的眞諦，而起常見、我見等的邪想；思惑是迷於色、聲、香、味、觸等世間事物，而起貪欲、瞋恚等的妄情。

塵沙惑，亦名化道惑，見思爲三乘共惑，塵沙爲菩薩教化他人之障，菩薩化衆，必須通達如塵如沙那般衆多的無量法門。然若心性暗昧，不能通達如塵如沙的無量法門，不能自在教化衆生，稱爲塵沙惑，故此惑不是謂有惑體多如塵沙之數。

無明惑，又名障中道惑，障蔽中道實相之理，有別於思惑中的癡惑，癡惑是障蔽空理，屬於枝末無明，而此爲迷於根本的理體，稱爲根本無明。

至於如何斷此見思、塵沙及無明之三惑，留待下文介紹。

二、三藏教

原文

三藏教，四阿含為經藏，毘尼為律藏，阿毘曇為論藏。此教詮生滅四諦，亦詮思議生滅十二因緣，亦詮事六度行，亦詮實有二諦。開示界內鈍根衆生，令修析空觀，出分段生死，證偏眞涅槃。正化二乘，傍化菩薩。

〔旭師自註云〕：

(1)生滅四諦：苦則生、異、滅三相遷移，集則貪、瞋、癡、等分，四心流動，道則對治易奪，滅則滅有還無。

(2)思議生滅十二因緣：無明緣行、行緣識、識緣名色、名色緣六入、六入緣觸、觸緣受、受緣愛、愛緣取、取緣有、有緣生、生緣老死憂悲苦惱。無明滅則行滅、行滅則識滅、識滅則名色滅、名色滅則六入滅、六入滅則觸滅、觸滅則受滅、受滅則愛滅、愛滅則取滅、取滅則有滅、有滅則生滅、生滅則老死憂悲苦惱滅。

(3)事六度行：布施、持戒、忍辱、精進、禪定、智慧。

(4)實有二諦：陰、入、界等實法為俗，實有滅乃為真。

(5)析空觀：觀於地、水、火、風、空、識六界，無我我所。

語譯

所謂三藏，是指四種阿含稱爲經藏，毘尼的四律五論稱爲律藏，阿毘曇的六足、發智等稱爲論藏。此三藏教，1.詮釋苦、集、滅、道的生滅四諦。2.亦詮釋無明、行、識、名色、六入、觸、受、愛、取、有、生、老死憂悲苦惱等的思議生滅十二因緣。3.亦詮釋布施、持戒、忍辱、精進、禪定、智慧等的事六度。4.亦詮釋俗與眞的實有二諦，是爲開示界內的鈍根衆生，令之修習觀於地、水、火、風、空、識等，無我亦無我所有的析空觀，即能出離六道流轉凡夫身的分段生死，證入偏於但空之眞的二乘涅槃。此教正爲教化二乘，亦傍化大乘菩薩。

註釋

1.「四阿含、毘尼、阿毘曇」：合稱爲三藏聖典，但亦有小乘三藏及大乘三藏的爭議，小乘三藏是指四阿含爲經藏，《四分律》、《五分律》、《十誦律》、《摩訶僧祇律》爲律藏，阿毘達磨的《六足論》及《發智論》爲論藏，此三藏原本都是釋尊所說，佛陀入滅之後由弟子們結集而成。

若依龍樹菩薩的意見，三藏唯屬小乘，大乘不具三藏，《大智度論》卷一百有云：「三藏是聲聞法，摩訶衍是大乘法。」所以天台宗依據《法華經》的〈安樂行品〉所說「貪著小乘、三藏學者」以及《大智度論》的大乘無三藏之說，即以三藏爲小乘教。可是根據小乘經量部的看法，也不認爲釋尊曾說過論藏，論藏是佛滅之後，弟子們所說。故於《大智度論》卷一百也說：「佛在世時，無有三藏名，但有持修多羅比丘、持毘尼比丘、持摩多羅迦（Mātṛka）比丘。」

旭師的《釋義》第十條，也就小乘三藏有所論列，他認爲「阿含」義譯是法歸、傳所說義、無比法；因此也有通、別，通則大小二教，皆得名爲阿含；別則《增一阿含》約數明法，《長阿含》明世界生起等事，《中阿含》明諸深義，《雜阿含》明諸禪法。

至於毘尼，義譯爲善治、調伏、滅、律等，因此也有通、別。通則佛陀所說教法，皆名正法毘尼，經律之中也常用「正法律」來表達；別則因事所制的五篇七聚戒相，佛滅後結集成毘尼藏。再說阿毘曇，義譯爲無比法、對法，亦有通、別。通則佛所說法，皆得名爲阿毘曇；別則是指摩訶迦葉結集佛所論說，及諸阿羅漢所造諸論。由於旭師特重佛法的互融性，故其處處提出有通有別的看法。

2.「生滅四諦」：四諦法是對小乘淺機的人所說法門，其理則通於大小乘一切佛法。因此，天台宗依《涅槃經》卷十二〈聖行品〉之二所開示的一段話：「諸凡夫人，有苦無諦；聲聞、緣覺，有苦有苦諦，而無眞實；諸菩薩等，解苦無苦，是故無苦而有眞諦。諸凡夫人，有集無諦；聲聞、緣覺，有集有集諦；諸菩薩等，解集無集，是故無集而有眞諦。聲聞、緣覺，有滅非眞；菩薩摩訶薩，有滅有眞諦。聲聞、緣覺，有道非眞；菩薩摩訶薩，有道有眞諦。」這是說明了凡夫、二乘、三乘、地上大菩薩等四種人，與四諦的關係。

天台智者所立四種四諦是：生滅、無生滅、無量、無作。在其《法華玄義》卷二下即說：「其義出涅槃聖行品。」以此四種四諦，配合藏、通、別、圓的四教，各各詮說一種四諦。此處的三藏教，即詮第一種生滅四諦。

依據《釋義》第十一條，解釋生滅四諦是：⑴生滅苦諦者，因爲凡夫之人的三界二十五有，果報色心，都是生、異、滅的三相有爲之法。⑵生滅集諦者，由於貪分、瞋分、癡分、等分的煩惱，各有二萬一千，合計八萬四千煩惱心，皆悉流動擾濁此心，由此而起善、惡、不動三有漏業，能感三界生死之苦報。⑶生滅道諦者，以戒、定、慧，對治貪、瞋、癡等，名爲出世之道。⑷生滅滅諦者，滅了三界因果之有，還於眞諦之無。

《釋義》問云：有爲法共有生、住、異、滅四相，何以僅言生、異、滅三相，亦有言生、住、滅三相呢？答：略則但言生滅，足顯有爲，廣則須言生住異滅，以表無實。生表此法先非有，滅表此法後定無，異表此法非凝然，住表此法是暫有。

3.「思議生滅十二因緣」：天台家的生滅十二因緣，分作四階：(1)藏教詮思議生滅十二因緣，(2)通教詮思議不生滅十二因緣，(3)別教詮不思議生滅十二因緣，圓教詮不思議不生不滅十二因緣。藏教的觀十二因緣流轉與還滅；通教的觀十二因緣如虛空、如幻化不可得；別教的觀枝末無明為分段生死因，根本無明為變易生死因；圓教的觀無明等的煩惱，即是般若，行、有的業，即是解脫；識、名色、六入、觸、受、生、老死的苦，即是法身。有關此四種十二因緣觀，可參考佐佐木憲德著《天台緣起論展開史》。此處的思議生滅十二因緣，是可用言說的，即是《阿含經》中宣說的。旭師的《釋義》第十二條，則依唯識學的觀點解釋此思議生滅十二因緣，因其一生都是主張性宗與相宗融會，此與天台的立場略異。

4.「實有二諦」：二諦是指俗諦與眞諦，三藏教所說，即是實有俗諦、實有眞諦。俗諦是指五陰（蘊）、十二入、十八界等，眞諦是指寂滅法。也就是說五陰等色心是實有，涅槃也是眞有。《釋義》第十三條，旭師對此亦有解釋，他說三藏教但明人空，不明法空，故謂五陰、十二入、十八界等色法心法，皆是實有法；依此實法和合，假名為人，人雖定無，法則實有，名為俗諦。要待修了人空觀，斷盡見思二惑，始滅三界的陰、入、界等俗法，復歸眞空，名爲眞諦。

5.「界內鈍根衆生」：天台的化法四教之中，藏教及通教稱界內教，別教及圓教稱爲界外教。三藏教是對沉淪於三界中的鈍根衆生宣說，教令他們斷見思惑，出離三界生死苦趣；此對於界外方便有餘土及實報莊嚴土的衆生而言，稱爲界內教。天台宗又將三藏教名爲界內事教，通教名爲界內理教。資料見於《四教儀》及其《集註》卷下、《法華玄義》卷三上及卷五上等。

6.「析空觀」：天台的化法四教，配立四種觀法，乃與化儀四教的頓、漸、不定三觀相對。化法四教爲三藏教的界內鈍根衆生，令修析空觀；爲通教的界內利根衆生，令修體空觀；爲別教的界外鈍根衆生，令修空、假、中的次第三觀；爲圓教的界外利根衆生，令修即空、即假、即中的一心三觀。此處的析空觀，是教凡夫鈍根，分析五陰身心的色法心法，如剝芭蕉樹般地，層層剖析，終歸於空，是爲人空，亦名人我空，觀成則離三界分段生死。其餘三種觀法，待於後文介紹。

三、三藏教的六即及其修證

原文

亦得約當教，自論六即。

語譯

亦得就三藏教本身，申論六即菩提。

註釋

聖嚴識：何謂六即？

六即，是天台宗所立的圓教菩薩行位。原來在《瓔珞經》中所說的十信、十住、十行、十迴向、十地、等覺、妙覺共計五十二個位次，天台以之分爲別教及圓教菩薩的行位。旭師就化法四教，各論六即，乃是其特色之一。

天台宗本是以圓教而論六即，出於《摩訶止觀》卷一下：

1.理即，一切衆生的一念心皆具如來藏之理，然以未聞，故尚不知。

2.名字即，已從經卷了知衆生皆具佛性之名，唯尚待開發。

3.觀行即，不唯已經解知皆具佛性之名，且已進而依教修行，此位修習隨喜、讀誦、爲他人說、兼行六度、正行六度等五項功課故，如《法華經》所說的五品弟子位，相當別教的十信位。

4.相似即，始入圓教所立的十信位，相當別教的十迴向位，已發類似眞無漏之觀行，入此位，即得《法華經》所說的六根清淨位。

5.分證即，依相似位的觀力而發眞智，始斷一分無明而見佛性，進入圓教的初住，名爲發心住，歷經自此以後的十住、十行、十迴向、十地、等覺，共四十一個果位，位位斷一品無明，而分見法性。

6.究竟即，斷最後一品無明，發究竟圓滿的覺智，即證妙覺的無上菩提。

其中的觀行即，是外凡位；相似即，是內凡位；從初住至等覺，是聖因位，妙覺才是聖果位。

一、藏教的理即

原文

理即者，偏眞也。諸行無常，是生滅法，生滅滅已，寂滅為樂。因滅會眞，滅非眞諦，滅尚非眞，況苦、集、道，眞諦在因果事相之外。故依衍教，判曰偏眞。

語譯

所謂藏教的理即菩提者，是但空的偏眞。其內容如〈雪山偈〉所說：「一切有爲造作的因緣生法都是遷流無常的，那都是出於有生有滅的種種色心現象，當此生滅不已的一切色心現象寂滅之時，便是進入涅槃解脫的快樂境界。」這是由於滅諦而會眞。其實，滅諦並非眞諦，滅諦尚且不是眞諦，更何況是苦諦、集諦、道諦呢？原因是這樣的眞諦，乃在因果事相之外，是抽象的偏於理體而謂之眞，故從大乘摩訶衍教的立場，將之判爲偏眞。

註釋

「諸行無常」等四句：此偈出於《涅槃經》卷十四所說雪山大士爲乞半偈佛法而捨生命的本生故事，主要是點出「諸行生滅、生滅無常、無常無我」是不變的眞理，如果尚未認知無常的事相，即是無我的空性，那種眞理就與事相無關了。如果就此偈而言，是以滅了生滅的諸行，稱爲眞實諦理，名爲偏眞涅槃，亦名偏空涅槃，屬於小乘法，故尙屬非眞，四諦之中的前三諦就更不用說了。

依據《釋義》第十四條對此的解釋，是將此四句偈子，以橫豎兩門，該攝釋迦如來一代時教：

1. 橫攝門：藏教衆生所感的三界依正、色心、因果，名爲諸行，這些都是無常生滅之法（的現象），衆生必須滅此有爲因果之法，方得實證眞諦寂滅之樂。通教衆生所感的三界依正、色心、因果，亦名爲諸行，這些也都是無常生滅之法（的現象），體驗到這些生滅之法，即是生滅滅已，便證眞諦寂滅之樂。然此藏通二教，雖證寂滅，以其不具界外的身智（灰身泯智故），故實無有能受樂者。別教衆生所感分段及變易的二種因果，通名爲諸行，皆非眞常久住，皆是生滅門所攝，滅此生滅二邊，顯於中道寂滅之理，而有唯識宗所說的四智菩提妙心，有大圓鏡智相應心品所現無漏身及無漏淨土的妙色，所以恆得受此眞樂。圓教衆生所感的十法界因果，通名諸行、通名無常、通名生滅，而了達十法界因果皆是實相，無常即常，生滅即無生滅，故云生滅滅已，寂滅爲樂；此圓教則不斷癡愛而起於明脫，如融冰爲水；所以三千果成，咸稱常樂。

2.豎攝門：「諸行無常」句，攝得六凡法界，因爲是有爲有漏。「是生滅法」句，攝得藏通二乘法界，因爲只有出世聖人，乃能知其爲生滅故。「生滅滅已」句，攝得別教菩薩法界，以滅二邊歸中道故。「寂滅爲樂」句，攝得圓教佛法界，以諸法從本以來，常自寂滅相故。

今但用此四句，證徧眞理，則「諸行無常，是生滅法」二句，即苦集二諦，「生滅滅已」一句，約戒定慧三學爲能滅的道諦，約因果的滅爲滅諦。四諦皆是因果事相，名安立諦；「寂滅爲樂」一句，約所顯之理以爲眞諦，乃是非安立諦，故云理居事外，謂之偏眞。

二、藏教的名字即

原文

名字即者，學名字也。知一切法，從因緣生，不從時、方、梵天、極微、四大等生，亦非無因緣自然而生。知因緣所生法，皆悉無常無我。

語譯

藏教的名字即菩提者，名字是學習名言的意思，由薰聞如來言教而知一切諸法，皆從因緣所生，不是如各家外道學派所說的那樣，認爲是從時間、方位、梵天、極微、四大等所生，但也不是無因無緣的所謂自然而生。得知因緣所生諸法，無有不是無常的、無我的。

註釋

1.「時、方、梵天、極微、無因」外道：據《大集經》、南本《涅槃經》及《僧祇律》等所言，印度在佛法之外的思想家有九十五種外道，據《增一阿含經》、《華嚴經》、《大智度論》等所言有九十六種。可以統合而收爲十一宗，又可束爲五類：

(1)「時外道」，是外道十一宗的第六宗，亦名時散外道，因此派外道師，主張萬物皆從時生，見到草木等諸物，以時而生華，以時而生果，以時而有作用，或舒、或卷、或生枝葉，均隨時間而有榮枯，時間雖極微細不可見，由此開華結果等的現象，知有時間爲萬物之母。

(2)「方外道」，是外道十一宗的第七宗，亦名方論師，主張由四方的空間生人，人生天地；人滅則天地滅，天地滅後，則還歸於四方的空間。

(3)「梵天外道」，亦即圍陀論師，乃為外道十一宗的第四宗，主張那羅延天生四姓，由其口生婆羅門種姓，兩臂生刹帝利種姓，兩股生吠舍種姓，兩腳生首陀羅種姓。據《四分律刪繁補闕行事鈔》卷下四所舉十種外道中，有梵天為因外道，即以梵天為萬物之生因。梵天外道亦有三種：①韓陀（圍陀）論師以梵天為那羅延天所生；②韓紐論師以梵天為韓紐天所生；③摩醯首羅論師以為梵天為摩醯首羅天之應身，創造萬物。

(4)「極微外道」，是十一宗的第八宗，亦名路伽耶論師，主張色、心等諸法，皆係四大極微所作，即是由地水火風的四大極微，能生塵色，故以為色、心等法，是依實有的極微而生滅，世間的塵物雖是無常，極微之因則是恆常而不壞的。

(5)「無因外道」，是第十一宗，亦名無因論師，主張一切諸法無因無緣，都是自然生滅，故亦名為自然外道。

2.「知一切法，從因緣生」：旭師的《釋義》第十五條，以此兩句法義，遍破以上所舉各家外道師的主張，也遍破衆生的我法二執。他說，在名字即菩提的行位中，觀察正因緣境，便可具破外道凡夫的分別我執及分別法執。所言法執者，不出邪因緣及無因緣的兩種，例如時、方、梵天等，是名邪因緣，自然爲無因緣。所言我執者，妄計是常是一，能夠自在作主的自我中心。

如今由聽聞佛法而知一切法是從因緣生，亦有四教差別：

(1)圓教：知「性具」爲因，迷悟爲緣，三千性相爲所生法。

(2)別教：知一切種識爲因，展轉熏習爲緣，分段變易乃至四智菩提爲所生法。

(3)藏通二教：知以六識相應有漏種子爲因，六塵美惡中庸境界爲緣，三界依正色心因果爲所生法。但是，通教已知，若因、若緣、若所生法，皆如夢幻；藏教則執之爲實法。

因此，圓教能遍破外道凡夫的我法二執，以及藏、通、別三教的種種法執。別教亦能破外道凡夫的我法二執，以及藏、通二教的法執。通教亦能破外道凡夫的我法二執，以及藏教的法執。此處藏教的名字即中，唯破外道凡夫的我法二執。

既是從內六識的因及外六塵的緣，生起了衆生在三界中的依正果報，就可知道，決定不是從時生，不是從方生，不是從大梵天生，不是從極微生，不是從地、水、火、風、空生，不是從神我生，不是從本際生，但由內外因緣和合，所以虛妄有生，亦非自然生。

諸法皆從因緣生，生必有滅，所以無常；生滅相異，所以非一；非一便不自在，不能作主，所以正報依報，都是無我。

三、藏教的觀行即

原文

觀行即者，一五停心，二別相念，三總相念，外凡資糧位也。五停心者，一多貪衆生不淨觀，二多瞋衆生慈悲觀，三多散衆生數息觀，四愚癡眾生因緣觀，五多障眾生念佛觀。以此五法為方便，調停其心，令堪修念處，故名停心也。別相念者，一觀身不淨，二觀受是苦，三觀心無常，四觀法無我；對治依於五蘊所起四倒也。總相念者，觀身不淨，受、心、法，亦皆不淨；觀受是苦，心、法、身，亦皆是苦；觀心無常，法、身、受，亦皆無常；觀法無我，身、受、心，亦皆無我也。

語譯

所謂藏教的觀行即菩提者，便是在開始修行禪慧的行位中，著手修習七方便中的前三個行位，又名爲三賢位，那就是1.五停心、2.別相念、3.總相念。即是外凡的資糧位。

五停心者，包括五項調心的方法：1.對於多貪婬欲的眾生，令修不淨觀，2.對於多起瞋恚的眾生，令修慈悲觀，3.對於多生散亂心的眾生，令修數息觀，4.對於愚癡執著的眾生，令修因緣觀，5.對於障緣太多的眾生，令修念佛觀。以此五種方法，作爲入手方便，調停其心，令心漸漸安住平穩，以便進修四念處法，故取名爲停心。

四念處法，分作兩個階段：

別相念者，即是1.觀身不淨，2.觀受是苦，3.觀心無常，4.觀法無我。觀此四法，是爲對治凡夫衆生依於五蘊身心而起的淨、樂、常、我的四種顛倒見。各別觀此四法，故名別相念。

總相念者，即是1.當在觀身不淨之際，受、心、法的三相，亦皆觀於不淨，2.當在觀受是苦之時，心、法、身的三相，亦皆觀於是苦，3.當在觀心無常之際，法、身、受的三相，亦皆觀於無常，4.當在觀法無我之時，身、受、心的三相，亦皆觀於無我。任觀四相中的一相，其餘三相，也一體總觀，故名總相念。

註釋

1.「五停心」：我有一篇〈五停心觀修行法〉，介紹得比較詳細，請參閱。（收錄於《禪鑰》一書中）

2.「四念處」：我有一篇〈四念處〉及〈日常生活中的四念處觀〉，現收錄於《禪的世界》一書中，請參閱。詳細修習則宜參研智者大師的《四念處》一書。

3.「多貪衆生」：依據《釋禪波羅蜜次第法門》，即是《禪門修證》卷四所說，貪欲分爲三類：⑴外貪欲者，修行人於修禪定之時，貪欲心起，男子即緣女人，女人即緣男子，取其色貌姿容，威儀言語，煩惱心生，念念不停，此是外貪婬結使相發。⑵內外貪欲者，修行人於修定之時，欲心發動，或向外緣男女身相、色貌、威儀、姿態、言語，或亦自緣己身形貌，摩頭拭頸，念念染著，起諸貪愛，障諸禪定。⑶遍一切處貪欲者，修行人除了愛著前面的兩類貪欲境，並於一切五塵境界，一切資生之物，例如田園、屋宅、衣服、飲食等，皆起貪愛，不能禪定。有此三類貪欲，宜令修不淨觀。

4.「多瞋衆生」：依據《禪門修證》卷四所說，瞋恚相發，亦有三類：⑴違理瞋恚者，修行人於習禪定時，瞋覺熾然而起，不問自己有理無理，不問他人有犯無犯，無事起瞋，是爲無理邪瞋。⑵順理正瞋者，修行人於修定之時，實有外人前來觸惱，以此爲緣，生起瞋覺，相續不息。⑶諍論瞋者，修行人於習禪定之時，執著自己所解爲是，他人的所行所說皆非，既對他人所說，不順己意，覺惱心起；有一些修行人，對於財物尚可不太介意，遇到見解與自己不同時，便起大瞋怒。有此三類瞋恚，宜令修慈悲觀。

5.「多散衆生」：依《禪門修證》卷四所說，稱爲覺觀發相，亦有三類：⑴明利心中覺觀發者，修行人因過去不深種善根，於修定時，都不發該書卷三所說的種種善法，僅有覺觀攀緣，念念不住。有時緣貪，有時緣瞋，有時緣癡；而所緣之事，分明了了。如是雖經年累月，而不發諸禪定。⑵半明半昏心中覺觀發者，若修行人於攝念之時，雖然覺觀煩惱，念念不住，但隨所緣時，心中有時明利，有時沈昏。明利則覺觀攀緣，思想不住；沈昏則無記發呆，無所覺了。⑶一向沈昏心中覺觀者，修行人於修定之時，雖心昏闇，似如睡眠，而於昏昏之中，仍切切攀緣，覺觀不住。有此三類覺觀散亂心者，宜令修數息觀。

6.「愚癡衆生」：依《禪門修證》卷四所說，愚癡相發，亦有三類：⑴計常計斷愚癡者，修行人於修定中，忽爾發邪思惟，作如是念言：究竟是過去的我及諸法爲滅而有呢？還是現在的我及諸法爲不滅而有呢？如此推尋三世之中，若謂滅而有，即墮斷見，若謂不滅而有，即墮常見。這般的用心辯解，能障正定出世之法。(2)計有計無愚癡者，修行人於習禪定之時，忽爾分別，思惟覺觀，謂我及五蘊等諸法，是一定有呢？是一定無呢？乃至是非有非無呢？這般用心推辯，即障礙正定。(3)計世性愚癡者，修行人於修定之時，忽作是念，由有微塵，所以即有實法，有實法即有四大，有四大即有假名衆生及諸世界，如此思惟，念念不住，能問能答，高心自舉，以是因緣，不得發諸禪定，縱然得禪定，亦墮邪定聚。有此三類愚癡，宜令修因緣觀。

7.「多障衆生」：依《禪門修證》卷四所說，稱此爲惡業障道相發，亦有三類：(1)沈昏闇蔽障者，修行人於修定之時，沈昏闇睡，無記發呆，無所別知，障諸禪定，不得開發。(2)惡念思惟障者，修行人欲修定時，惡念心生，或念欲作十惡、四重、五逆、毀禁、還俗等事，無時暫停，因是障諸禪定，不得開發。(3)境界逼迫障者，行人於修定之時，身或猝痛，或見外境，或見無頭、無手、無足、無眼等，或見衣破、或覺陷入於地，或見火來燒、高崖墮落、二山隔障、有羅刹虎狼來襲等。有此三類惡業障，宜令修念佛觀。

8.「四倒」：亦名四顛倒，是指凡夫衆生，於生死有爲的無常法中，起於常想；於諸苦相之中，起於樂想；於不淨的身相之中，起於淨想；於無我的五蘊法中，起於我想。此於大小乘諸經論中，數數可見。四念處的功能，便是對治凡夫的四種顛倒想，主要的目的是由觀身、受、心、法的不淨、苦、無常、無我，而生起觀慧，爲進入七方便第四至第七位次的四善根，作好準備工夫。

四、藏教的相似即

原文

相似即者，內凡加行位也，一煖，二頂，三忍，四世第一。得色界有漏善根，能入見道。

語譯 藏教的相似即菩提者，已由外凡的三賢資糧位，進入內凡的加行四善根位了。那就是：一煖位，二頂位，三忍位，四世第一位。得色界的有漏善根，能入見道位了。

註釋 聖嚴識：在觀行即菩提的行位中，已修五停心，破諸障礙，已修四念處，觀於苦諦，到了相似即的行位中，再以四念處觀，加修四正勤，緣四諦境，以伏煩惱，能發相似解，心遊理內而身居有漏。由於依稀彷彿見眞諦之理，故名爲相似即菩提。

1.「煖、頂、忍、世第一」：旭師的《釋義》第十六條，對此四善根位的說明是，由於修行四念處，加上四正勤，便能斷已生及未生之二惡，便能修未生及已生之二善。此有四個行位：⑴勤觀四諦，能發相似理解，猶如鑽木生火，先得煖相，故名爲「煖」。⑵由修欲、勤、心、觀的四如意足，發生禪定，觀力轉明，如登高山，洞覽四方，故名爲「頂」。⑶由於定慧均平，善法增進，能成信、進、念、定、慧之五根，安住不動，故名爲「忍」。⑷由修五根增長而成五力，能破欺、怠、瞋、恨、怨等五障，而將階於見道，於諸世間有漏位中，最爲勝妙，是故名爲「世第一」。以此有漏的聞、思、修三慧，作爲增上緣，來資助本具的無漏種子，令發現行，便入見道位了。

2.「色界有漏善根」：在此藏教相似即的行位中，已得相似解，有異於三賢的外凡位，而稱內凡位。又以其尚未出離三界，身住色界禪定，故此四善根位，仍居世間的有漏位中，唯其已是世間法中最勝殊妙的第一位了。

五、藏教的分證即

原文

分證即者，前三果有學位也。初須陀洹果，此云預流，用八忍八智，頓斷三界見惑，初預聖流，名見道位。二斯陀含果，此云一來，斷欲界六品思惑，餘三品在，猶潤一生。三阿那含果，此云不還，斷欲界思惑盡，進斷上八地思，不復還來欲界，此二名修道位。

語譯

所謂藏教的分證即菩提者，是指聲聞四果中的前三果，又總稱爲有學位。

初果名爲須陀洹（Srota-āpanna），具稱須陀般那，意謂預流。用八忍八智，頓斷三界內的見惑，這是最初預入聖人之流，故名見道位。

二果名爲斯陀含（Sakrdāgāmi），漢語爲一來，已斷欲界六品思惑，尚餘三品思惑未斷，必須再來欲界的人間與六欲天界，一度受生，故名爲一來。

三果名爲阿那含（Anāgāmi），意謂不還，斷盡欲界九品思惑，進一步復斷色界及無色界一共八地的思惑，不再還來欲界受生，捨此身已，或住色界五淨居天，亦名五不還天。

二果及三果，名爲修道位。

註釋

1.「有學」與「無學」：聲聞四果中的前三果名爲有學，第四果名爲無學。《法華玄贊》卷一云：「戒定慧三，正爲學體；進趣修習，名爲有學；進趣圓滿，止息修習，名爲無學。」

2.「八忍八智」：此係入於見道位觀四聖諦，每一聖諦，各各生起無漏的法忍及法智，合計名爲十六心見道。所謂「八忍」，是忍可印證欲界、色界、無色界四諦之理的智。忍可印證欲界的四諦，名爲四法忍，即是苦法忍、集法忍、滅法忍、道法忍；忍可印證色界及無色界的四諦，名爲四類忍，即是苦類忍、集類忍、滅類忍、道類忍。以此八忍，正斷三界見惑。既已斷了三界見惑，觀照明了，便成八智；八忍是無間道，八智是解脫道；八忍是因，八智是果。

所謂「八智」是：印證欲界四諦之智，名爲四法智；印證色界及無色界四諦之智，名爲四類智。以此八智，觀八諦，正斷煩惱之無間道位，名之爲忍；既斷煩惱的解脫道位，名之爲智。總稱爲八忍八智。

此在俱舍宗說，前十五心是見道位，第十六心爲修道位。唯識宗則主張十六心皆是見道。此十六心的次序排列如下：苦法忍、苦法智；苦類忍、苦類智；集法忍、集法智，集類忍、集類智；滅法忍、滅法智，滅類忍、滅類智；道法忍、道法智，道類忍、道類智。

《教觀綱宗》以此八忍八智的十六心，皆屬見道位，《釋義》第十七條，以八忍八智即是無漏禪定智，亦即無漏之觀慧；於無間道中的三昧斷惑，名之爲忍，乃是即慧之定；於解脫道中的觀慧證理，名之爲智，乃即定之慧。八忍八智的見道位，是由相似即的行位，修行四念處、四正勤、四如意足、五根、五力等有漏的聞思修三慧，觀四諦理，得相似解之後，進階便斷三界見惑，而入見道的初果位。

3.「三界見惑」：天台家所說的煩惱障礙，共有三類，即是見思、塵沙、無明，已見於前文「爲何有化法四教」註2.（頁一五一）。此處是介紹在藏教分證即的初果見道位中，所斷的煩惱，名爲三界見惑；至二果及三果的修道位中，所斷的煩惱，名爲欲界思惑；到了第四果的無學位中，便斷盡三界思惑。而此四個果位的界定，便在依據所斷見思二惑的使數多少爲準。可知見思二惑，各有定額的使數，那便是見惑有八十八使稱爲八十八使，思惑有八十一使。見惑於見道位上頓斷，思惑於修道位漸斷，於無學道位才斷盡。

所謂三界八十八使的見惑，是指欲界三十二使，色界及無色界各二十八使。基本的則是十惑：(1)身見，(2)邊見，(3)邪見，(4)見取見，(5)戒禁取見，(6)貪，(7)瞋，(8)癡，(9)慢，(10)疑。三界各以四諦爲所觀境，於四諦卻各有見惑障礙，所以不見諦理；今以八忍八智，斷盡三界八十八使見惑，便見諦理，故名爲見道。

茲將十惑配三界、四諦，而成八十八使的關係，條例如下：

(1)欲界有三十二使：①苦諦下具十惑的全數。②集諦下具七惑，少了十惑中的身見、邊見、戒禁取見的三惑。③滅諦下具七惑，少了身見、邊見、戒禁取見。④道諦下具八惑，少了身見及邊見。

(2)色界及無色界各有相同的二十八使：比起欲界四諦，各各皆少一使瞋惑，因在上二界爲定地，不像欲界是散地，所以不會生起瞋恚那樣的粗動煩惱。那也就是說，上二界的苦諦下具九惑，集諦下具六惑，滅諦下具六惑，道諦下具七惑。

三界八十八使見惑圖，請見附圖三（第三七六頁）

4.「欲界六品思惑」：聲聞乘所說三界思惑的基本數，也是十個。欲界四個：貪、瞋、癡、慢；上二界的色界及無色界，各有三個：貪、癡、慢，合計為六個。相加是十個。

將十惑配屬九地，每地有九品，合為八十一品。所謂三界，又名九地，即是欲界一地，色界及無色界的八個禪定天，合為八地：1.欲界五趣地，2.離生喜樂地，3.定生喜樂地，4.離喜妙樂地，5.捨念清淨地，（2.至5.為色界四禪天）6.空無邊處地，7.識無邊處地，8.無所有處地，9.非想非非想處地（6.至9.為四無色定）。

所謂九品者，是以上所舉九地的每一地，各有九品思惑。例如欲界的五趣地，有四個思惑，各各皆有上上品、上中品、上下品、中上品、中中品、中下品、下上品、下中品、下下品。色界的三個思惑及無色界的三個思惑，亦各皆有九品。三界的九地，各有九品，便是八十一品思惑。

三界八十一品思惑圖，請見附圖四（第三七七頁）

《教觀綱宗》所說，二果斯陀含，「斷欲界六品思惑」，便是欲界五趣地所屬九品之中的前六品。因爲在初果須陀洹位已斷三界見惑，至此進而斷欲界思惑之一品乃至五品，都名爲一來向位，斷第六品思惑，即成一來位的第二果。其次再斷餘下的欲界三品思惑，便進不還的第三阿那含果。其理由是二果聖者尚須來到欲界的人間天上受生一次，所以欲界的思惑斷了六品，尚餘三品；待已證了三果的聖者，不復再來欲界受生，身後住色界五不還天，所以斷盡了九品全數的欲界思惑。這也就是如上文所說「思惑於修道位漸斷，於無學道位才斷盡」的原因。

5.「上八地思」：這是說，在三果阿那含位，不僅已斷盡欲界地的思惑，也漸斷上二界八地中的思惑。八地的每一地都有九品，共計七十二品，從斷初禪初品，到非想第八品，共七十一品，都名爲阿羅漢向。再斷非想最後一品，即入阿羅漢位。

三藏教的聲聞位次，請見附圖五（第三七八頁）

六、藏教的究竟即

究竟即者，三乘無學位也。一小乘第四阿羅漢果，此含三義：一殺賊，二應供，三無生。斷三界見思俱盡，子縛已斷，果縛尚存，名有餘涅槃；若灰身泯智，名無餘涅槃。二中乘辟支佛果，此人根性稍利，逆順觀察十二因緣，斷見思惑，與羅漢同，更侵習氣，故居聲聞上。

語譯

所謂藏教的究竟即菩提者，是指三乘無學位的聖者。所謂三乘無學位，便是指的1.聲聞乘的四果阿羅漢爲小乘，2.辟支佛爲中乘，3.八相成道的佛爲大乘。

阿羅漢有三種含義，那就是殺賊、應供、無生，已經全部斷盡了三界的見思二惑，子縛的煩惱之因，雖已斷了，果縛的煩惱之報，此身心尚存，名爲有餘涅槃；若在此身死後，火化成灰，此心寂滅，不再用其智慧，名爲無餘涅槃。

中乘的辟支佛果，根性要比聲聞乘人稍微利些，獨自以順逆二種方式，觀察十二因緣的流轉及還滅，而得悟入；此人亦與阿羅漢相同，斷三界的見思二惑，唯其更能侵除習氣，所以其果位居於尚有習氣的阿羅漢之上。

註釋

1.「子縛」與「果縛」：這是天台學的專有名詞，若以煩惱繫身而不得自在，名爲子縛；若以生死苦果將我繫住不得解脫，名爲果縛。也就是說，招此苦果的業因，使我被縛者，名爲子縛；縱然羅漢已不再因惑造業，而現前五蘊所成的這個果報體尙活在人間，名爲果縛。

《教觀綱宗》的這一段有關阿羅漢的文字，幾乎與《四教儀》的行文全同，可抄錄對照：「阿羅漢此云無學，又云無生，又云殺賊，又云應供。此位斷見思俱盡，子縛已斷，果縛猶在，名有餘涅槃，若灰身滅智，名無餘涅槃。」

其實，在《法華玄義》卷三上也有云，若灰身泯（滅）智，永斷生死苦果，離三界二十五有，便斷果縛。

2.「灰身泯智」：通常都寫成「灰身滅智」，灰其身、滅其智，略稱灰滅及灰斷，也就是小乘四果聖者，於此世間所用的色身死後，焚燒成灰，其能證的心智，也從此滅絕，所以稱爲無餘涅槃。例如《金剛仙論》卷九有云：「小乘之人，以自身所證，灰身涅槃，畢竟滅故。」又云：「小乘人斷三界煩惱，盡分段生死，灰身滅智，入無餘涅槃，善惡因果，一切俱捨。」這是大乘釋經論中，對此灰滅，作了最完整的說明。可知小乘的無餘涅槃，又名爲灰身涅槃；這是由於印度佛教的葬儀，習慣採用火化，阿羅漢身故之後，必皆成爲灰身，由其不再應化世間，故必成爲滅智。

智者大師的《維摩經玄疏》卷五、《金光明經玄義》卷上，以及《摩訶止觀》卷五等，亦用灰身滅智，指出小乘聖者的無餘涅槃，猶如虛空，無所施爲，乃爲有作四諦，天台家也常以這四字和「焦芽敗種」並用，以突顯小乘聖者是可憐愍者，雖證解脫果，在生前不堪學大乘摩訶衍法，到此身死後，便又無所施爲。

3.「有餘涅槃」與「無餘涅槃」：涅槃是梵語 **Nirvāṇa** 的音譯，意爲滅度、寂滅、不生、無爲、安樂、解脫等。大小乘各有有餘及無餘的兩種涅槃，可作三門分別：⑴單就小乘而言，已斷生死之因，猶存生死的苦果者，名爲有餘涅槃；斷了生死之因，當下的生死之果，亦畢竟不生，名為無餘涅槃。⑵若單就大乘而言，已盡變易生死之因，名為有餘涅槃；若變易生死之果亦盡，名為無餘涅槃。⑶若就大小乘對比而言，小乘涅槃為有餘，尚有變易生死之故；大乘涅槃為無餘，已斷分段及變易兩種生死故。

對此涅槃的分別，在中國也有相宗及性宗諸家之差異，此可查檢工具書得知。

4.「習氣」：習氣的梵語是 Vāsanā，有譯作煩惱習、餘習、殘氣等。即是由於數數生起之煩惱所熏成的，稱為餘習，依據《大般若經》卷五十五所說：「永斷一切煩惱習氣相續，便住佛地。」可知要到成佛，才習氣永斷。小乘的阿羅漢，雖然已斷煩惱正使，而尚殘留煩惱餘習，例如從《大智度論》卷二十七見到，難陀有淫習、舍利弗及摩訶迦葉有瞋習、畢陵伽婆蹉有慢習、摩頭婆私吒之跳戲習、憍梵鉢提之牛業習等，可知阿羅漢的餘習難除。辟支佛，比起聲聞，根性稍利，聲聞聞四諦法而證涅槃，辟支佛自觀十二因緣而得解脫，義為緣覺，若就斷除見思惑而言，雖與聲聞的阿羅漢相同，亦有不同之處，即是辟支佛雖未斷盡習氣，但已侵損習氣，阿羅漢尚未能損餘習。

原文

三大乘佛果，此人根性大利，從初發心，緣四諦境，發四弘誓，即名菩薩，修行六度。初阿僧祇劫，事行雖强，理觀尚弱，準望聲聞，在外凡位。第二阿僧祇劫，諦解漸明，在煖位。第三阿僧祇劫，諦解轉明，在頂位。六度既滿，更住百劫，修相好因，在下忍位。次入補處，生兜率天，乃至入胎、出胎、出家、降魔、安坐不動時，是中忍位。次一剎那，入上忍。次一剎那，入世第一，發眞無漏三十四心，頓斷見思，正習無餘；坐木菩提樹下，以生草為座，成劣應身，受梵王請，三轉法輪，度三根性；緣盡入滅，與阿羅漢、辟支佛，究竟同證偏眞法性，無復身智依正可得。

〔旭師自註云〕：成劣應身：如釋迦丈六，彌勒十六丈等。

語譯

三乘無學位的大乘佛果，由於此人的根性，大而且利，從初發心開始，便緣四諦境，發起四弘誓願，即名爲菩薩，修行六度法門。至第一阿僧祇劫修滿時，事相的修行工夫雖很強烈，理觀的功力則尚微弱，若以聲聞的行位標準來看，相當於外凡的三賢位。第二阿僧祇劫滿時，於四諦理，解漸分明，仍未極明，准望聲聞，是在煖位。第三阿僧祇劫滿時，於四諦理解，又復轉明，內心了了，自知作佛，准望聲聞，是在頂位。修滿六度的福慧之時，再住一百大劫，修積三十二相八十隨形好的因行，准望聲聞，是下忍位。接下來便入一生補處，生於兜率天上，乃至下降人間，於王宮入胎、以王子身出胎、出家修行、在禪定中降魔，安坐不動之時，是中忍位。下一剎那，入上忍位。最後一剎那，入世第一位，發起眞無漏三十四心，頓斷三界見思二惑，煩惱的正使及餘習，從此斷盡無餘，坐在木質的菩提樹下，以世間的生草爲座墊，成就了有如釋迦牟尼的劣應身佛。接著受到大梵天王之勸請說法，三轉四諦法輪，化度三乘根性的衆生，直至化緣已盡，入於涅槃。這樣的劣應身佛，與阿羅漢、辟支佛，究竟同證偏眞法性，同樣是灰身滅智，故無身智；正報既絕，依報亦不可得。

註釋

1.「緣四諦境，發四弘誓」：天台智顗的《四教義》卷七及諦觀的《四教儀》，都說以四弘誓願配緣四諦境，如《四教儀》云：(1)未度者令度，即衆生無邊誓願度，此緣苦諦境。(2)未解者令解，即煩惱無盡誓願斷，此緣集諦境。(3)未安者令安，即法門無量誓願學，此緣道諦境。(4)未得涅槃者令得涅槃，即佛道無上誓願成，此緣滅諦境。

四弘誓願是一切菩薩，初發心時的通願，普賢菩薩的十大願、阿彌陀佛的四十八願等，爲別願。四弘誓願，於《大乘本生心地觀經》卷七、《摩訶止觀》卷一下、《止觀大意》等，均可見此四弘誓願。

《四教義》所舉的未度者令度，未解者令解，未安者令安，未得涅槃者令得涅槃，也是四弘願，是出於《法華經》卷三〈藥草喻品〉。類似的四弘願句，也出現於《道行般若經》卷八〈守行品〉：「諸未度者悉當度之，諸未脫者悉當脫之，諸恐怖者悉當安之，諸未般泥洹者悉皆當令般泥洹。」類似的內容，也早就出現於《長阿含經》卷八的《散陀那經》：「瞿曇沙門，能說菩提，自能調伏能調伏人，自得止息能止息人，自度彼岸能使人度，自得解脫能解脫人，自得滅度能滅度人。」共有五句，乃是釋尊成佛之後的如來所行，不是初發菩提心時的弘願。

緣四諦境，發四弘誓的完整句形，應該出於《菩薩瓔珞本業經》卷上所說：「厚集一切善根，所謂四弘誓，未度苦諦令度苦諦，未解集諦令解集諦，未安道諦令安道諦，未得涅槃令得涅槃。」

2.「三祇」、「百劫」：三祇修福慧，百劫相好因，是眾生從初發心成爲菩薩而至成佛的時間過程，主修的法門，便是奉事諸佛，實踐六度。三祇，具名三大阿僧祇劫，意爲三無數大劫，此在《優婆塞戒經》卷一〈修三十二相業品〉有云：「(佛言)我於往昔寶頂佛所，滿足第一阿僧祇劫；然燈佛所，滿足第二阿僧祇劫；迦葉佛所，滿足第三阿僧祇劫。善男子（善生長者子）！我於往昔釋迦牟尼佛所，始發阿耨多羅三藐三菩提心，發是心已，供養無量恆沙諸佛，種諸善根，修道、持戒、精進、多聞。善男子！菩薩摩訶薩修是三十二相業已，了了自知，定得阿耨多羅三藐三菩提。」

《大智度論》卷四，也有菩薩於三阿僧祇劫之後，種三十二相業因緣的記述，並謂：「初阿僧祇中，心不自知我當作佛不作佛；二阿僧祇中，心雖能知我必作佛，而口不稱，我當作佛；三阿僧祇中，心了了自知得作佛，口自發言，無所畏難，我於來世當作佛。釋迦文佛，從過去釋迦文佛到剌那尸棄佛，為初阿僧祇……從剌那尸棄佛至燃燈佛，為二阿僧祇……便授其記，汝當來世作佛，名釋迦牟尼；從燃燈佛至毘婆尸佛，為第三阿僧祇。若過三阿僧祇劫，是時菩薩種三十二相業因緣。」此段文字亦被天台智顗的《四教義》卷七引用。

事實上有關三阿僧祇劫成佛之說的大小乘經論文獻不少，例如尚有《大毘婆沙論》卷一百七十七與卷一百七十八、《瑜伽師地論》卷四十八、《攝大乘論本》卷下、《攝大乘論》卷下、《華嚴五教章》卷二等，均可見到。

《教觀綱宗》於此段藏教究竟即菩提的原文中，所說的三阿僧祇修證六度而成劣應身佛，與聲聞修證位次相配的資料依據，應係出於天台智顗的《四教義》卷七等所說。第一阿僧祇劫，得外凡位，即是得到五停心、別相念、總相念之位；

是用性念處、共念處、緣念處，而行六度。第二阿僧祇劫，得內凡的煖位；即是用煖法的智慧，修六度行，故云：「諦解漸明」。第三阿僧祇劫，得頂法之位；此時內心了了，自知作佛，行六波羅蜜，故云：「四諦觀解，轉更分明，如登山頂，四顧分明」。過了三阿僧祇劫，則爲種植三十二相業因，而入下忍位；用此忍智修六度行，成百福德，用百福德成一相。《大智度論》卷四所載「問曰：菩薩幾時能種三十二相？答曰：極遲百劫，極疾九十一劫」。

此段內容的所謂三祇百劫、三祇九十一劫，乃係依據不同的論典所說，若據《大毘婆沙論》卷一百七十八所載，於三阿僧祇劫，總共逢事二十二萬八千尊佛之後，開始修三十二相業因，更須歷九十一劫，逢事六尊佛，才成爲八相成道的佛。若依《大智度論》卷二七則云：「菩薩已滿三阿僧祇劫，後更有百劫」，卷四亦云：「過三阿僧祇劫，然後種三十二相業因緣」，「一一相，百福莊嚴」，是爲在下忍位。嗣後坐於菩提樹下的寂滅道場，住中忍位，次一刹那入上忍，次一刹那入世第一，一刹那發眞無漏三十四心，成等正覺。

所謂三祇百劫成佛的內容，及其所依的資料，大略如此。這是從小乘三藏教的立場，所見的釋迦牟尼佛。雖然承認釋尊曾以菩薩身所修六度而成的悲智福慧，超出於阿羅漢及辟支佛的功德，但仍以爲在人間成佛的導師，所證亦爲偏眞法性，當與聲聞及辟支佛相同。

3.「下忍」、「中忍」、「上忍」：此三種忍，於天台大師的《四教義》卷五，解釋四善根的第三「明忍法位」項下，有較詳明的解釋：「若頂法善根增進，即生柔順忍，亦緣《俱舍論》卷二十三所說的四諦十六行，爾時信（進、念、定、慧）等五種善法，並得成根，以（五根中的）慧根故，於四聖諦，堪忍欲樂，故名忍法。忍法有三品：下忍於十六行，依法諦觀，比諦觀（此三字疑爲衍文）；中忍十番縮觀；上忍但觀欲界苦下四行，隨觀緣一行。若下中二品忍，雖起煩惱惡業，而不受三塗報，由受人天百千生報；若上品忍成，但有人天七生業在，增上一剎那，即入世第一法也。」又於《四教義》卷五的「明世第一」項下有云：「世間善（根）有九品，下下、下中、下上，名煖法；中下、中中，名頂法；中上、上下、上中，名忍法；上上，名世間第一法。」又云：「若觀五陰無常等善根，名煖法；觀三寶功德，名頂法；觀察（四）聖諦，名忍法；觀苦聖諦次第聖道，名世間第一法。煖法，若退法捨、若命終捨、若度界地捨；頂法，亦如是；忍法，無退法捨，餘二捨同上；世第一法，一剎那無捨。」

由此可以明白，在三藏教的究竟即行位中，菩薩於初阿僧祇劫，相當於聲聞外凡三賢位；至第二阿僧祇劫，方始進入相當於聲聞內凡四善根的煖位；至第三阿僧祇劫滿，才進入相當於聲聞四善根的頂位；更向上去，便是相當於聲聞四善根的忍位。此忍位，又細分作下中上的三位：百劫修相好業因，是下忍位；由入補處菩薩位至降魔而安坐不動時，是中忍位；次一剎那的無間道，爲上忍位；最後一剎那成等正覺，即相當於聲聞的無學位。

《四教義》用「柔順忍」一詞，來標明四善根的忍法位，是借用《維摩經．法供養品》第十三所云：「聞如是（無生法忍之）法，得柔順忍」句。我們由上引《四教義》的說明可知，四善根的世間善法，共有九品，煖法有下下、下中、下上三品，頂法有中下、中中二品，忍法有中上、上下、上中三品，世第一法有上上一品。在「明忍法位」項下，特別標明三品忍法的修證項目及其位次。又說明了四善根位的煖法及頂法二位，尚有三種捨；至忍法位，即無退法捨，下品及中品的忍法位，即不再受到三惡道的果報。若上品忍法成就，再一刹那便入世第一位，復經一刹那便入見道位，證初果，最多再過七生往返人間天上，決定解脫。此對修證次第的明確指導，絕非一般暗證禪師，所能清楚的。

4.「眞無漏三十四心」：此在旭師的《釋義》第十八條，有如下的解釋：見道位中的八忍八智，共十六心；修道位中，約三界的九地，各有一無礙及一解脫，名爲十八心。以此見修二道相加，共成無漏道的三十四心。

三大阿僧祇劫所修福智，爲「增上緣」，無始法爾「無漏種子」，爲「親因緣」，故得頓發、頓斷、頓證。然約所斷惑品，故分三十四心；若約能斷、能證，唯是無漏定慧而已。所證只是我空眞如，亦名「擇滅無爲」，無爲眞如，不墮諸（法）數；以無爲法而有差別，故名三十四心，復分頓漸，種種不同。

從以上這段文字，可知旭師往往引用如括號中的唯識名相，來闡釋天台教觀，此非天台家的立場，乃是出於旭師本人採取性相二宗融合論的觀點，是爲《教觀綱宗釋義》的特色。

《釋義》所說，約修道位於三界九地，各有一無礙一解脫。是說三界九地各有九品思惑，每品各各皆於九地中，地地漸斷各品思惑的一分，在各地各斷一分思惑的過程中，皆有無礙道（即是無間道）及解脫道的前後二心；正在斷惑之位，名爲無間道，既已斷惑之位，名爲解脫道。三界共九地，每一地皆有此無間道及解脫道的前後二心，故有十八心了。以八忍八智及九無間九解脫，合起來便是有名的所謂「三十四心斷結」。在《教觀綱宗》的此段原文中，則云「發眞無漏三十四心，頓斷見思。」

5.「無復身智依正可得」：這是從小乘三藏的立場，所認知的釋迦如來，是經過從兜率天下降人間、入胎、出胎、出家、降魔、成道、轉法輪、入涅槃，所謂八相示現或八相成道的人間佛陀，八十歲時，化緣既畢，入於涅槃的寂滅境界。此與二乘聖者阿羅漢及辟支佛相同，只證人空的偏眞法性，未證人法二空的眞實法性，所以也是灰身滅（或泯）智，依正二報皆無可得。

七、藏教的修證果位

原文

此教具三乘法：聲聞觀四諦，以苦諦為初門，最利者三生，最鈍者六十劫，得證四果。辟支觀十二因緣，以集諦為初門，最利者四生，最鈍者百劫，不立分果，出有佛世名緣覺，出無佛世名獨覺。菩薩弘誓六度，以道諦為初門，伏惑利生，必經三大阿僧祇劫，頓悟成佛。然此三人，修行證果雖則不同，而同斷見思，同出三界，同證偏眞，只行三百由旬，入化城耳。

語譯

此教具有大小三乘：

1. 小乘的聲聞人（Śrāvaka），以四聖諦爲其所觀之法，初以觀苦報身心的五蘊法，爲入道基礎，故謂以四諦中的苦諦爲修證之初門。最利根人，三生即得解脫，最鈍根人，六十大劫方出三界，證得第四阿羅漢果。

2.中乘的辟支佛（Pratyeka-buddha），逆觀順觀十二因緣，順觀苦的原因是集諦，逆觀苦的原因滅除，也是集諦，故以四諦中的集諦爲其所觀之初門。最利根的人，四生解脫，最鈍根的人，百劫證果，唯其不若聲聞有四階，乃是直接悟脫，故謂不立分果。出在有佛之世的辟支佛，名爲緣覺，出在無佛之世的辟支佛，名爲獨覺。

3.大乘的菩薩（Bodhisattva），初發心時，即以四弘誓願，修六波羅蜜，故以四諦中的道諦爲其初門，以大悲願，利益衆生故。不像二乘人之速斷見思二惑、速求出離三界。故謂伏惑利生，必經三大阿僧祇劫，方以三十四心頓悟成佛。

以上三類聖人，雖其所修的法門及他們所證的果位，各不相同，卻同樣是斷見思二惑，同樣是出離三界，同樣是證偏眞涅槃。如《法華經・化城喻品》所說的譬喻那樣，全程五百由旬的旅途，三乘聖者的涅槃，只像走了三百由旬，暫時進入化城息宿而已。

註釋

1.「三生六十劫」：修聲聞道，從初發心，至證四果阿羅漢位的時歲，大致上說，在部派佛教時代，就已有定論，那便是極速三生，極遲六十劫。連貫著說即是「三生六十劫」。

初見於《大毘婆沙論》卷百一，介紹解脫道的阿羅漢，分爲時解脫及不時解脫的二種，此二解脫又各有心解脫及慧解脫的兩類。於時解脫項下，即說明了三生六十劫的證道時歲，其論文有云：「復次，依狹小道而得解脫故，名時解脫。狹小道者，謂若極速第一生中種善根，第二生中令成熟，第三生中得解脫。餘不決定，依廣大道而得解脫，名不時解脫；廣大道者，謂若極遲，聲聞乘，經六十劫而得解脫，如舍利子，獨覺乘，經百劫而得解脫，如麟角喻。」此中將極速三生得解脫者，名爲狹小道；聲聞六十劫，獨覺百劫的極遲得解脫者，名爲廣大道，頗足玩味。因此，古來諸家，對於極速極遲之說，雖皆一致，利根鈍根之說，則有歧異。天台家等，以極速爲利根，極遲爲鈍根，依據《俱舍論光記》卷二十三則云：「佛時長故，其根最利，聲聞三生，獨覺四生，要非利根，亦通鈍根。若極利者，要經六十，要經百劫。」《華嚴五教章》卷二，亦持速鈍遲利的看法，並設問答：「問：何故下根返經時少，而上根等乃多時耶？答：能於多時，修鍊根行等，以爲難故，是故多也。」此與極速爲狹小道，極遲爲廣大道的意義是相通的。

2.「四生百劫」：辟支佛修證的歲數，速則四生，遲則百劫，所以「四生百劫」，也是定說。依據《大智度論》卷二十八的記載：「有辟支佛，第一疾者四世行，久者乃至百劫行。」《俱舍論光記》卷二十三也說：「若據獨覺，極疾四生修加行，極遲百劫修加行。」《俱舍論》卷十二等處，將經百劫修行菩提資糧的獨覺聖者，稱爲「麟角喻獨覺」。

3.「辟支佛」：有音譯爲辟支迦、辟支迦羅、辟支、畢勒支底迦等。意譯是獨覺、緣一覺、因緣覺、緣覺等。若依據《慧苑音義》卷一所說：「舊翻獨覺，得其正意，或翻緣覺，爲譯人謬。」在《瑜伽師地論》卷三十四說，獨覺種性有三相：⑴薄塵種性，⑵薄悲種性，⑶中根種性。《大毘婆沙論》、《俱舍論》、《瑜伽師地論》等諸聖典，均說獨覺有不同的兩種，一是部行獨覺，二是麟角喻獨覺。部行獨覺者，先修聲聞道的順決擇分，證得勝果時轉名獨覺。麟角喻獨覺的麟角喻者，必是獨居，要修一百大劫的菩提資糧，然後方證麟角喻獨覺。

至《華嚴經行願品疏鈔》卷四，也說緣覺有三種：⑴緣覺之緣覺，⑵聲聞之緣覺，⑶菩薩之緣覺。

可知獨覺也有是從聲聞道轉入的，名爲部行，獨居的名爲麟角喻獨覺。獨覺即是緣覺之異譯，故在緣覺中亦有三乘。非如《教觀綱宗》所引的「出有佛世名緣覺，出無佛世名獨覺」。那是由於不知梵文原意而產生的誤解。

八、藏教的十法成乘

原文

十法成乘者：一觀正因緣境，破邪因緣、無因緣二種顚倒。二眞正發心，不要名利，帷求涅槃。三遵修止觀，謂五停名止，四念名觀。四遍破見愛煩惱。五識道滅、還滅、六度，是通，苦集流轉六蔽，是塞。六調適三十七品，入三脫門。七若根鈍不入，應修對治事禪等。八正助合行，或有薄益，須識次位，凡聖不濫。九安忍內外諸障。十不於似道而生法愛。是為要意，利人節節得入，鈍者具十法方悟。

〔旭師自註云〕：惟求涅槃：二乘志出苦輪，菩薩兼憫一切。

語譯

所謂「十法成乘」，即是須有十法和合，方能完成化法四教任何一教的所乘功能。對藏教而言，即是由此十法，能令三藏行人，乘至偏眞涅槃。所謂十法成乘：

1.觀正確的因緣和合而有三界的色心、因果、依正，用以破除邪因緣及無因緣的兩種外道顚倒之見。

2.眞正發心，二乘只求自利，故不言發菩提心，唯其不貪要名利，眞能惟求解脫涅槃。

3.遵循止觀法門的修行，止是指的五停心觀，觀是指的四念處觀。

4.遍破一切愛見煩惱，是以觀諸行無常及諸法無我之空慧，遍破諸煩惱見。

5.識知由於修道滅苦而生死還滅，並用六度修行福慧，是爲識通；識知由於造生死業而集受苦的因，流轉六道，是爲識塞。

6.調適三十七品的道法，請見附圖六（第三八〇頁），得入空、無相、無作的三解脫門。

7.若係根鈍，不易入道者，應令修習對治事禪等。

8.正行與助行調和修行時，或有薄少的實益，則必須識知修證的道品位次，以免以凡濫聖。

9.對於修行過程中所遇的內外一切障緣，必須安然忍耐。

10.不愛著於既得的若干相似法益而不思進入法性。

以上是藏教十法成乘的要義，如果是利根之人，但修其中第一法，或二三四五六等法，皆可入道；如果是鈍根之人，就得具修十法，方能悟道。

註釋

1.「十法成乘」：即是《摩訶止觀》所明的十乘觀法，又名十法成乘觀、十法成觀、十法止觀等，略稱十乘或十觀。《摩訶止觀》卷五上有云：「觀心具十法門，一觀不可思議境，二起慈悲心，三巧安止觀，四破法遍，五識通塞，六修道品，七對治助開，八知次位，九能安忍，十無法愛。」乃是爲了上中下三種根機的衆生（人），總說了十種觀心的次第軌範。若係上根人，光修第一觀不思議境，自具十觀，不必再修其餘九法；若係中下根人，修了第一法，猶須進修第二以下的諸法。

此十乘觀法，實即是整部《摩訶止觀》的綱格，亦即圓頓行人的規矩，自《摩訶止觀》卷第五至卷第十，幾乎全是說明十乘觀法的內容。故在其卷第五上，接著上文稍後又云：「此十重觀法，橫豎收束，微妙精巧。初則簡境眞僞，中則正助相添，後則安忍無著。意圓法巧，該括周備，規矩初心，將送行者，到彼薩雲（即梵語薩婆若 Sarva-jñāna 意爲一切智的古譯），非闇證禪師、誦文法師所能知也。蓋由如來積劫之所勤求，道場之所妙悟，身子（舍利弗）之所三請（佛陀說

《法華經》），法譬之所三說（《法華經》爲上中下三種根機的聲聞人，分別以法說、譬說、因緣說），正在茲乎。」

又依靜修撰的《教觀綱宗科釋》所說：「四教十乘，出自一家，如妙玄、維摩玄、八教大意，均悉有之，今是八教大意中，十乘觀法也。」妙玄是《法華玄義》，維摩玄是《維摩經玄疏》，此二書均係天台智顗所撰述；《八教大意》則爲智顗的弟子灌頂章安所撰。《科釋》指出，旭師此處所用的十法成乘，是採自《八教大意》的說法。

2.「對治事禪」：《科釋》對此的解釋是：「若根過鈍，應當修諸對治事禪。若貪欲起，教修不淨、背捨等；緣中不自在，當修勝處；緣中不廣普，當教一切處；若小福德，當教無量心；若欲出色，當教四空。」此中的不淨是不淨觀，背捨又名八解脫，均屬對治多貪欲之觀行，八背捨加八勝處及十一切處，俱爲遠離三界貪愛之觀法；四無量心，亦名四梵行，屬於十二門禪中的四禪，修此能引無量福，得生色界之梵天；修四空處定，則能出離色界四禪天。漸次進修的觀法，名爲對治事禪。

3.「安忍內外諸障」：依據《八教大意》說：「總修四念，入於煖法，似道燄生，若不安忍，不至煖頂；頂法退，爲五逆；煖退，爲一闡提。忍、世第一後，入眞無漏，由能安忍內外諸障。」由此可知，總修四念處的過程中，到了四善根的煖位，即可生起相似解脫道的氣焰，若不安忍而繼續修行，便會退失，而不能到達頂位；若於煖位退失，便可能會成爲一闡提的斷善根人，若於頂位退失，便會可能成爲五逆之人。到了忍位及世第一位，便入眞正的無漏解脫，那是要忍耐得住身心環境內外諸種障緣的結果。

四、通教

原文

通教，鈍根通前藏教，利根通後別圓，故名為通。又從當教得名，謂三人同以無言說道，體法入空，故名為通。此無別部，但方等、般若中，有明三乘共行者，即屬此教。詮無生四諦，亦詮思議不生滅十二因緣，亦詮理六度行，亦詮幻有空二諦，亦詮兩種含中二諦，亦詮別入通三諦，亦詮圓入通三諦。開示界內利根眾生，令修體空觀，出分段生死，證真諦涅槃。正化菩薩，傍化二乘。

〔旭師自註云〕：

(1)無生四諦：苦無逼迫相，集無和合相，道不二相，滅無生相。

(2)思議不生滅十二因緣：癡如虛空，乃至老死如虛空；無明如幻化，不可得故，乃至老死如幻化不可得。
(3)理六度行：一一三輪體空。
(4)幻有空二諦：幻有為俗，幻有即空為真。
(5)兩種含中二諦：一者幻有為俗，幻有即空不空，共為真；是通含別二諦，故受別接。二者幻有為俗，幻有即空不空，一切法趣空不空為真；是通含圓二諦，故受圓接。
(6)別入通三諦：有漏是俗，無漏是真，非有漏非無漏是中。
(7)圓入通三諦：二諦同前，點非漏非無漏，具一切法，與前中異。
(8)體空觀：陰、界、入，皆如幻化，當體不可得。

語譯

聖嚴識：現將上段原文及旭師自註，混合語譯如下。

通教的鈍根人，會通於前面的三藏教，通教的利根人，會通於後面的別教或圓教，所以名爲通教。又從通教的自身得通教之名，那是說三乘人，同樣都是以超越於言說之道，觀緣生無性，體入自性本空，所以名爲通教。此通教並無特別指定的某部經典，但就方等諸經典及般若諸經典之中，凡屬於闡明三乘人共行的教法，便是通教。

通教：

1. 詮釋無生四諦，即是苦諦無有逼迫相，集諦無有和合相，道諦乃是不二之相，滅諦則是無生之相。

2. 亦詮釋思議不生滅十二因緣，那就是說，由於無明之癡，猶如虛空，如是下推，緣行、緣識、緣名色、緣六入，乃至緣老死，亦如虛空；因爲無明如幻如化，不可得故，由是下推，行、識、名色、六入，乃至老死，亦是如幻如化，無有可得。

3. 亦詮釋理六度行，即是六波羅蜜多的每一波羅蜜多，都是三輪體空。

4. 亦詮釋幻有及幻有即空之二諦，那是指的幻有爲俗諦，幻有即空爲眞諦。

5. 亦詮釋兩種含中之二諦：一者是以幻有爲俗諦，以幻有的即空與不空，共爲眞諦，這是以通教含攝別教的二諦，所以通教得受別教所接；二者是以幻有爲俗諦，以幻有的即空與不空、一切法趣空不空，爲眞諦，這是以通教含攝圓教的二諦，所以通教亦得受圓教所接。

6.亦詮釋別教入通教之三諦，即以有漏者爲俗諦，無漏者爲眞諦，非有漏非無漏者爲中諦。

7.亦詮釋圓教入通教的三諦，以有漏者爲俗諦，無漏者爲眞諦，非有漏非無漏者具足一切法，一切法皆趣非有漏非無漏。

通教開示三界內的利根衆生（人），教令他們修持當體即空的觀法，即是觀五陰（五蘊）、十八界、十二入，皆如魔術的幻師所變，皆是暫時的化現，應知陰、界、入三大科和合而成的我，當體即是無自性的空。如此即能出離三界五趣的分段生死，實證眞諦涅槃。此通教所化的對象，主要是大乘的菩薩，也兼化聲聞及緣覺的二乘人。

註釋

聖嚴識：此段通教的七項詮釋及體空觀，可以和前章三藏教的四項詮釋及析空觀，對比著閱讀，便可明白藏通二教的同異之處。本書的化法四教，皆以四種四諦、四種十二因緣、眞俗二諦、眞俗中三諦、圓妙三諦，作爲層次性的思想演繹，故亦宜將後面的別圓二教所明者，對比閱讀。

1.「無言說道」：即是不須以言說表達，不能用言說表達得清楚的道理眞實。此與中國禪宗所說的不立文字直指人心，有類似處。此語源出於(1)《瓔珞經》卷下的「言語道斷，心行處滅。」(2)《維摩經・見阿閦佛品》的「一切言語道斷。」(3)《仁王般若經》卷上的「心行處滅，言語道斷，同眞際，等法性。」(4)《摩訶止觀》卷五上亦有「言語道斷，心行處滅，故名不可思議境。」

由以上四種佛經祖論所說的言語道斷，可知都是指的只能用心會，不能以言表的意思。不過三種經說，是指不與言說相有關的眞際法性，《摩訶止觀》則是指的十乘觀法的第一法，觀不思議境，此處的旭師所云「無言說道」，是引用《摩訶止觀》的觀點。因此靜修的《科釋》亦云：「無言說道者，非離語言文字外，別有無言說，即指語言文字，皆從緣生。」

2.「此無別部」：凡教法或部類相同的經典，可歸併在一起而稱爲某教部，如頓教部中的華嚴部、漸教部中的阿含部、方等部、般若部，及非頓非漸的法華涅槃部。頓教部只用圓、別二種化法，漸教部具用藏、通、別、圓四種化法。化法的四教，則無所屬的特定經典，如三藏教，雖以《阿含經》爲主要的部，但《方等經》中也有藏教的教法。別教則遍於華嚴、方等、般若三部。圓教則遍於華嚴、方等、般若、法華涅槃諸部。而通教則取《方等經》及《般若經》中屬於三乘共行的教法，爲其所依的部。

3.「無生四諦」：此爲《涅槃經》所說的四種四諦之第二種。第一種的生滅四諦，請參閱前文三藏教章中的註釋。天台家以四種四諦，配化法四教，故以無生四諦配通教。是說四聖諦的迷悟因果，皆悉如幻如化，非有實生實滅，生滅即是無生滅。

旭師的《釋義》第十九條，對此有所說明：因爲三界的色心、依正、諸因果，名爲苦諦，悉皆如幻如夢，當體全空，所以沒有逼迫相，所謂生死，即是涅槃，那裡有什麼苦逼相呢？見思二惑的煩惱，帶動種種的有漏行業，名爲集諦，既不是自生、不是他生、不是自他共生、不是無因而生，所以亦無和合相，此即所謂煩惱即菩提，那裡有什麼苦集相呢？既已體達煩惱即是菩提，因此與道諦之間，也無二相，並非另有什麼做爲能治之法的道諦了。既已體達生死即是涅槃，因此滅諦即無生相，並非另有什麼寂滅之法可以證得了。然在此通教的程度，但是「即空」，還是跟圓教中的「即中」並不相同。

4.「思議不生滅十二因緣」：依據佐佐木憲德的《天台緣起論展開史》（慧嶽法師譯）所明，天台智顗的緣起思想，可以說是依順十二緣起說，但卻脫離《阿毘達磨》的公式，天台以思議生滅、思議不生不滅、不思議生滅、不思議不生不滅，配合藏、通、別、圓的化法四教的十二因緣，是天台智顗的新思想，他是依據《大涅槃經》卷十二〈聖行品〉的四種四諦及同經卷二十七〈獅子吼品〉的四智說而來。樹立了四種十二因緣及四種四諦，見於《法華玄義》卷二下解釋「境妙」之處。

該文說，所謂四種十二因緣，思議是界內法門，不思議是界外法門。在思議之下的生滅，是依因緣而生、依因緣而滅的藏教位；不生不滅是因緣無自性，終歸於空，是通教位。在不思議之下的生滅，是界外歷別的次第觀法，建立恆沙法門的別教位；不生不滅是十界互具、三諦圓融、開示不二中道的圓教位。

由於四種十二因緣，是爲適應利鈍差異的衆生根機而設的，故在《摩訶止觀》卷九之下，又以十二因緣配合六時解釋：⑴華嚴頓時，爲利根人說不生滅十二因緣。⑵鹿苑時，說生滅十二因緣。⑶方等時，說生滅不生滅兩種十二因緣。⑷般若時，說不生不滅十二因緣。⑸法華時，正直捨方便，開權顯實，說十二因緣的中道眞理。⑹涅槃時，說三粗一妙，具足十二因緣。

至於思議不生不滅的十二因緣，依據《法華玄義》卷二之下有云：「思議不生不滅十二者，此以巧破拙，中論云：爲利根弟子說十二不生不滅，癡如虛空，乃至老死如虛空，無明如幻化，不可得故，乃至老死如幻化不可得。金光明云：無明體相，本自不有，妄想因緣和合而有，不善思惟，心行所造。」此段所引《中論》的內容，正好就是旭師自註所用文句。

《釋義》第二十條對此亦有申論：癡即無明，十二因緣的流轉與還滅名相，與三藏教無異，但以體空的智慧，了達生即非生、滅即非滅。至於「癡如虛空」等的意思，是諦觀無明不在內、不在外、不在中間，猶如虛空，但有名字，毫無實體。無明以下的行等，可以例知。至於「無明如幻化」等的意思，是說無明不是自生、不是他生、不是自他共生、不是無因生，以當體即是不可得故；喻如幻化，本不可得，故亦不可妄謂自他共離而生。

5.「幻有空二諦」：是指幻有、幻有即空之二諦。《釋義》第二十一條對此的解釋是，因爲三界的因果、色心、依正，悉是非有而似有，猶如幻事。指此幻有，以爲俗諦，有既是幻，則是當體全空，非滅故空。指此幻有即空，以爲眞諦，此則眞俗不二。此不同於藏教，三藏教的眞諦，乃居於實有色心之外。

6.「兩種含中二諦」：《釋義》第二十二條對此的詮釋是說，所謂兩種含中二諦，便是通含別、通含圓的兩種俗眞二諦。(1)所謂通教含別教，即以幻有爲俗諦，仍如前註所說；幻有即空、不空爲眞諦，而此即空、不空之理，即是眞如，其實體不空，故此即空、不空，能爲衆生的迷悟所依，因此，在眞諦之中，便含有別教的中道理體，所以名爲通含別之二諦。(2)所謂通教含圓教，亦以幻有爲俗諦，乃如前註所說；幻有即空爲眞諦，而此即空之理，即是如來藏，亦名爲空如來藏，亦名不空如來藏；名空之時，此空即具一切法，一切法皆趣此空；言不空之時，此不空亦即具一切法，一切法皆趣此不空。如是則於眞諦之中，含有圓教的圓空圓中道理，故名爲通含圓之二諦。

7.「別入通三諦」：前註的兩種含中，是以通教含有別教、通教含有圓教。此註要說明由別教入於通教，下一註是說明由圓教入於通教。依據《釋義》第二十三條，對此略解云：通教只云有漏是俗諦，無漏是眞諦，今立非有漏非無漏句，以顯中道，則成爲三諦了。此乃由於前面的以通含別之二諦，便形成這個以別入通的三諦。

8.「圓入通三諦」：這是由圓教的三諦，入於通教，即成以圓入通的三諦。《釋義》第二十四條，對此略云：通教的俗眞二諦，仍如本節第五註所說；今立非有漏非無漏句，以顯中道，一切法皆趣非有漏非無漏，則此非有漏非無漏亦具一切法，所以成爲圓教的中諦。此乃由於前面的以通含圓的二諦，加入圓教的中諦，便成以圓入通的三諦。

五、通教的六即及其修證

原文

亦於當教，自論六即。

語譯

以上說明通教的範圍及其層次地位，現在亦須就通教本身，申論六即菩提。

一、通教的理即

原文

理即者，無生也。諸法不自生，亦不從他生，不共不無因，是故知無生。〔旭師自註云〕此四句推檢，通別圓三教，皆用作下手工夫。但先解不但中者，即成圓教初門；先聞但中理者，即成別教初門；未聞中道體者，止成通教法門。

解苦無苦而有眞諦，苦尚即眞，況集滅道。

語譯

所謂通教的理即菩提，即是無生之義。例如《中觀論》卷一〈觀因緣品〉的偈頌所說：「諸法不自生，亦不從他生，不共不無因，是故知無生。」若以此四句偈來推論檢點，對於通、別、圓的三教，皆可用作下手觀行的工夫。不過，若先理解即空即假即中之不但中者，便成圓教之初門。若先聽聞空假之外有不二但中理者，即可成爲別教之初門；若根本未聞中道體者，只能成就通教法門。

由於理解四諦中的苦諦即是無苦，便有眞諦，苦諦尙且即是眞諦，更何況其餘的集、滅、道三諦，豈不全是眞諦了。

註釋

1.「無生」：即是無生四諦，此於前面註「無生四諦」條下，已有詮釋，且在旭師的《釋義》第十九條中，亦已引用了《中觀論．觀因緣品》四句偈子的內容，不是自生、不是他生、不是自他共生、不是無因生。此處則正式將該偈的原文，照錄出來。

2.「諸法不自生」四句：如上所說，這四句偈頌出於龍樹的《中觀論》，若僅此四句，尙不能充分表達無生之意，此四句偈的主旨在於運用不自生、不他生、不共生、不無因生，來說明諸法皆依因緣起滅，無自性、無他性、無自他共性，至於無因，是破斥執第一因爲神我的常見外道。所以進一步更說四句：「如諸法自性，不在於緣中，以無自性故，他性亦復無。」諸法是從緣起生，即非無因而生；諸法是互爲因緣，故無第一因的自性；諸法雖從緣起生，自性亦不在於緣中。印順法師的《中觀論頌講記》對此第一偈的理解是，從自、他、共、無因的四門中，求生不可得，就知道「一切自性有」的觀點，是「不生」的。可知此偈目的是在破自性有的常見外道。

天台家則以此偈中的「無生」一詞，用來詮釋《大涅槃經・聖行品》所說四種四諦中的「無生四諦」，是可以通的，但不一定是龍樹的原意。因爲《涅槃經》是屬於如來藏系思想，《中論》是中觀系思想。不過天台學派既可引《中論・觀四諦品》偈的因緣生法是空、是假名的中道，解爲即空、即假、即中的三諦觀，當然也可以引用〈觀因緣品〉的偈頌來詮釋表達《涅槃經》的無生四諦義。

對此《中論》的四句偈頌，旭師的《釋義》第二十五條，也有詳細的申論。他說，四句偈頌之中所說自、他、共、離的四性推檢，即通用於化法的四教，但就無生一詞而言，則僅在後三教。若就諸法一詞而言，於藏通二教，是指六凡；於別圓二教，是指十界。

藏教明六凡法界的諸法，是自種有故不從他生，待衆緣故非自作，無作用故非共生，有功能故非無因（此四句出於《集論》）。則顯緣起正理，故不墮自、他、共、無因的四種執著。

通教明六凡諸法，如幻、如夢、如水中月、如空中花，非有似有，有即非有，不可說從自、他、共、離而生。且如妄情所計，三界有爲生法，雖有萬品差異懸殊，簡略言之，「心境」二字，便收無不盡了。

先約「心」法推檢四性：若說自生者，等於說是從心生心，便應有二個心；又於心不對境之時，心亦應常生，而實不生，故非自生。若說從他生者，等於說是從境生心，便與我無涉；解脫的聖者也會對境，亦應生分別執著心了，事實不然。若說是自他共生者，那就要問：究係心和境的二者均有生性，才名共生？還是心和境二者均無生性，才名共生呢？又若說是無因生者，既不因心，又不因境，心境都尚無，如何能生心呢？然亦不應該從虛空中突然生出心識來，故決不是無因生的。總之，以上四種生相，從邏輯上都是說不通的。

次約「境」法推檢四性：若說是自生者，從境生境，應有二境；若眞的如此，心不緣時，境亦應常現，而實不現。若說是從他生者，從心生境，境還是屬於心，何得名爲境呢？猶如心念兔角，兔應生角，而兔實不生角。若說是從自他共生者，已如前項二心所破，二境亦不成立。若說無因生者，則亦應於日正當中之時，忽然見到明月在天了。

是以若心若境，具如夢幻，求其生性，了不可得，當體無生。此無生之理，乃爲今古不變的常理。

別教明四聖六凡十界的諸法，亦是自種有故不從他，待衆緣故非自作，無作用故非共生，有功能故非無因，則顯不思議緣起之正理。此皆以眞如爲迷悟依，藏識爲持種依，以先知有眞如及藏識，而用四性推檢，即入無生門，便是別教的功夫。

圓教亦明十界的諸法：諸法非法性所生，故非自生；非無明所生，故非他生；非法性與無明合生，故非共生；非離法性及無明而別有諸法，故非無因而生。隨一一法，體即法界，當體無生；無生而生，三千宛然，生即無生，三千無性；非生非無生，唯一實相。法住法位，世間相常。因緣即中，雙照空假。此是圓教的初門無生，一門一切門，即是圓妙無工夫之工夫了。

在此條《釋義》的別教明十界諸法的文字中，旭師依地論師的見解「眞如爲迷悟依」，又引《攝大乘論》的見解「藏識爲持種依」，這是性相融合論的思想特色。《摩訶止觀》卷五上，亦引此文。又由於用無生四諦詮釋通教的常理，而理即菩提，便是無生的當體，所以對之著墨較多。

3.「解苦無苦而有眞諦」：《釋義》第二十六條，對此亦有詮釋，他說三界的果報，即是名爲苦諦的苦苦、行苦、壞苦三類苦果，若能解之，則諸苦如空華，並無苦的逼迫之相，唯是眞空的法性而已。而眞諦即虛妄的三界有漏苦果，猶如空處即在華處，並無二處。不過於此眞諦而假立苦集滅道的四名，其實此四者即是眞諦，眞理不在事相之外，此乃是通教所詮之理。

二、通教的名字即

原文

名字即者，幻化也，知一切法，當體全空，非滅故空，生死涅槃，同於夢境。

語譯

所謂通教的名字即菩提，便是「幻化」二字了。因解幻化，故知一切諸法，當體全空；此等諸法，非同三藏教的滅色心而後歸空，而是如《心經》所說的「色即是空」乃至受、想、行、識即空。是故得知，生死及涅槃，無非如同昨夜的夢境而已。

註釋

「幻化」的「一切法」：通教人已解一切諸法，皆是如幻如化，既從緣生，便是非有而有；既由緣滅，便是有即非有。此所謂一切法，若依通教菩薩的理即而言，是指三界內的六凡法界，一切色心、依正、因果有漏諸法，若依通教的名字即而言，亦可包羅於界內修成的出世間涅槃無漏法。

三、通教的觀行即

原文

觀行即者，一乾慧地也。未有理水，故得此名。即三乘外凡位，與藏教五停、別相、總相念齊。

語譯

所謂通教的觀行即菩提者，即是通教的行位，屬於三乘共十地的第一乾慧地，以其尚在外凡之三賢位，尚未得到與煖法相似的眞理之水，故得此乾慧之名。此位與前面三藏教的五停心、四念處的別相念及總相念位平齊。

註釋

「乾慧地」與「三乘共十地」：十地的行位，共有三類。

1.是《般若經》及《大智度論》卷七十五所說的，聲聞、緣覺、菩薩的三乘共十地，天台宗即以之爲通教的地位。

2.是《華嚴經》及《仁王般若經》等，所說大乘菩薩的十地，天台宗即以之爲別教及圓教之地位。

3.是《大乘同性經》卷下所明的聲聞、緣覺、菩薩、佛位的四乘各說十地。

此處的第一乾慧地，因其猶在外凡位，尚未得到與法性理水相應的智慧，故名乾慧，這是尚未能用法性理水滋潤的有漏智慧。

第二是性地，至此便入內凡位，即是藏教的四善根位，於此位中，伏見思二惑，得以朦朧望見法性之空理，故名爲性地；於通教便是相似即位。

第三是八人地，此處的人與忍同義，故又名藏教見道位的八忍地，即是忍可印證欲界之四諦，謂之四法忍；忍可印證色界及無色界的四諦，謂之四類忍，以此八忍正斷三界之見惑，便是見道八忍七智的第十五心位；於通教便是分證即位七個層次中之初階。

第四是見地，爲第十六心見道的道類智位，於藏教便入初果預流的須陀洹位，於此位上斷三界之見惑，得見上下八諦之理，故名爲見地；於通教則係分證即七位中的第二階。

第五是薄地，爲欲界思惑九品中斷前六品之位，於藏教便是二果斯陀含的一來位，因於欲界九品思惑中僅餘後三品了，故名之爲（煩惱已）薄地；於通教則爲分證即七位中的第三階。

第六是離欲地，爲斷盡欲界九品思惑的不還位，於藏教是三果阿那含位；於通教則是分證即七位中的第四階。

第七是已辦地，爲斷盡三界見思二惑的無學位，於藏教是第四阿羅漢果位；於通教則是分證即七位中的第五階。

第八是支佛地，此是二乘聖者中的緣覺位，不僅斷盡三界見思二惑，也侵除二惑之習氣，入於空觀。侵除不等於斷除，斷除要待至佛地，緣覺位侵除習氣，猶如燒炭成灰，佛果位斷盡習氣，則如復吹其灰令之散盡無餘；此在通教則爲分證即七位中的第六階。

第九是菩薩地，是菩薩於三阿僧祇劫，修行六度萬行，直至圓滿之位；於通教則爲分證即七位中的第七最高一階了。

第十是佛地，是爲菩薩的最後身，斷除一切殘餘的見思習氣，於七寶樹下，以天衣爲座，成佛乃至入滅之位；比起藏教的佛，是在木菩提樹下，以草爲座，殊勝一層，所以是通教的究竟即佛位。

通教的三乘共十地圖，請見附圖七（第三八二頁）

四、通教的相似即

原文

相似即者，二性地也，相似得法性理水，伏見思惑，即三乘內凡位，與藏教四加行齊。

〔旭師自註云〕：藏通指真諦為法性，與別圓不同。

語譯

所謂通教的相似即菩提，便是三乘共十地中的第二性地，因於此位，相似得到法性的理水，而伏見思二惑，故已進入三乘的內凡位，若與三藏教的行位相望，則跟四加行位、或名四善根位平齊。

〔旭師自註云〕：藏通二教是以真諦為法性，與別圓二教之以中諦為法性不同。

註釋

1.「法性理水」：由於藏通二教，將眞諦稱爲法性，乃與別圓二教不同。此處所云相似得法性理水，便是相似見法性之理，尚未斷惑，故猶未能眞得法性理水的滋潤。

五、通教的分證即

原文

分證即者，從八人地至菩薩地，有七位也。三八人地者，入無間三昧，八忍具足，智少一分。四見地者，八智具足，頓斷三界見惑，發眞無漏，見眞諦理，即三乘見道位，與藏須陀洹齊。五薄地者，三乘斷欲界六品思惑，煩惱漸薄，與藏斯陀含齊。六離欲地者，三乘斷欲界思惑盡，與藏阿那含齊。七已辦地者，三乘斷三界正使盡，如燒木成炭，與藏阿羅漢齊，聲聞乘人止此。八支佛地者，中乘根利，兼侵習氣，如燒木成灰，與藏辟支佛齊。九菩薩地者，大乘根性，最勝最利，斷盡正使，與二乘同，不住涅槃，扶習潤生，道觀雙流，遊戲神通，成熟衆生，淨佛國土。此與藏教菩薩不同，藏教為化二乘，假說菩薩，伏惑不斷，正被此教所破，豈有毒器堪貯醍醐？

語譯

所謂通教的分證即菩提，便是從三乘共十地的第三位八人地至菩薩地，總計七個位次，均屬通教分證即的階段：

1.在第三八人地中，入第十五心的無間三昧，十六心的八忍八智之中，已具八忍七智，僅少一分，於無間道的剎那之間，便至第十六心的見道位。

2.在第四見地中，八忍八智的十六心全部具足，頓斷三界的見惑，發起眞的無漏智慧，見眞諦之理。比較相似即中的「相似得法性理水」，此處應是眞得法性理水。即是通教三乘人的見道位，與藏教初果須陀洹位齊。

3.在第五薄地中，通教三乘人，斷欲界九品思惑中的前六品，煩惱漸薄，故名薄地，此與藏教二果斯陀含位齊。

4.在第六離欲地中，三乘人斷盡欲界九品思惑，此與藏教的三果阿那含位齊。

5.在第七已辦地中，三乘人斷盡三界八十八個見惑、八十一品思惑的正使，猶如燒木成炭，餘習尚在，此與藏教的四果阿羅漢位齊；聲聞乘人，至此已到最高位置。

6.在第八辟支佛地中，比之聲聞是三乘的初乘鈍根，此乃是三乘的中乘利根之人，除了已斷盡三界正使，也兼侵除習氣，猶如燒木成灰，此與藏教的辟支佛位齊。

7.在第九菩薩地中，是三乘中的大乘根性，故以三乘而言，菩薩乘的衆生，乃是最優勝、最敏利了；亦與二乘相同，斷盡三界見思二惑的正使。至於異於二乘之處者，乃是他們不住二乘的涅槃，扶習潤生，化道與空觀，帶空出假，雙流並行，遊戲神通，成熟衆生，莊嚴佛國淨土。此與藏教所說的菩薩，並不相同；依《法華經》說，藏教的菩薩是指釋尊未成佛前的身分，雖是久遠之前早已成佛，爲化二乘，跡示菩薩，故云「假說菩薩，伏惑不斷。」不是眞的說通教大乘伏惑不斷。因爲通教大乘，地地皆斷三界見思二惑，雖皆與二乘人的果位相望相齊，而諸大乘菩薩，在三阿僧祇劫中，勤修六度萬行，如果眞的是「伏惑不斷」，豈不是像在有毒的容器之中貯存醍醐，使得最上品的飲料，也都含毒性了？

註釋

1.「八人地至菩薩地」：在此三乘共十地之中的七個行位，斷惑證眞的次第，與三乘果位的相望相齊，尤其是所謂正使的品級，以及習氣的等別，請與前面「藏教的分證即」（第一七八頁）和此後「別圓二教的分證即」（第二七四、三一五頁）項下各條註釋，對比著閱讀，就可一目了然於天台學中四教互攝的關係位置了。至於三乘共十地，則請回顧參閱「通教觀行即」（第二二六頁）下的註釋。

2.「扶習潤生」：這是天台學派顯示三乘通教共十地中第九地菩薩所修之相。通教菩薩至第七已辦地，已斷盡見思二惑，理應出離三界，不再於三界受生，然以菩薩立弘誓願，生於三界救度眾生，爲了成就眾生，必須扶習潤生。至於藏教之菩薩，尚未斷盡見思惑，故仍有生於三界之因；別圓二教的菩薩，已證得中道法身，以中道法身爲應化之本，隨眾生機緣而起應化身，示現於三界。故於化法四教之中，唯有三乘通教共十地中的第九菩薩地之菩薩，才須以誓願力扶習潤生，故又名爲「誓扶習生」，文出《大品般若》。

可知通教的菩薩，不是眞的有惑未斷，而是「假說」，而是「扶習」，所以

《大智度論》卷二十七有云：「聲聞法中，佛以方便力，故現受人法，有生老病寒熱飢渴等。無人生而無煩惱者，是故佛亦應隨人法有煩惱，於樹王下，外先破魔軍，內滅結使賊，破外內賊故，成阿耨多羅三藐三菩提。人皆信受，是人能爲是事，我等亦當學習是事。」這是佛以方便力，示現人法有煩惱的最後身菩薩，但其實際，決不是如此，因此《大智度論》同卷便說：「聲聞人言，菩薩不斷結使，乃至坐道場然後斷，是爲大錯！」這是破斥聲聞人說三大阿僧祇劫修行六度萬行的菩薩，未斷見思二惑，直到六年苦行，在菩提樹下成道之時，才斷盡煩惱結使，絕對是大錯誤。

「扶習潤生」之說，是天台學派的見解，但也有《大品般若》及《大智度論》爲其背景。此於天台的許多著作例如《法華玄義》卷四下、《維摩經玄疏》卷三、《四教義》卷八、《八教大意》、《四教儀》等均有論列。旭師的《釋義》第二十七條，也有詮釋云：別教及圓教，證中道之理，故以中道的法身爲應化之本身，譬如月映萬川，不須假借惑業，即可於三界受生。依藏教說，惑是實有的，所以菩薩不可斷惑，若惑已斷，便不能於三阿僧祇劫，來此三界受生而行菩薩道了。依通教說，因為惑是幻有，所以菩薩體悟是幻而斷正使，正使既斷，便可入於涅槃，但由於本發弘誓願力，所以不取涅槃，乃以神通力，扶起三界的思惑餘習，資於故業種子（唯識的種子識）而得受生。此所謂思惑餘習，非貪似貪、非慢似慢、非癡似癡的現象。

3.「遊戲神通」：見於《大智度論》卷三十八、九十四以及《維摩經嘉祥疏》等，是指大乘菩薩自在度化眾生的無量方便行，以化眾生作為自娛，稱為遊戲；外道及二乘人，亦可能有神通，唯皆非無礙自在，也不是以度化來自娛，所以不得稱為遊戲神通。

4.「淨佛國土」：六度萬行，皆是菩薩道，皆是菩薩成佛時的因行，成佛之時一切眾生來生其國，所以菩薩行便是莊嚴此一菩薩未來成佛時的佛國淨土。

六、通教的究竟即

原文

究竟即者，第十佛地也。機緣若熟，以一念相應慧，斷餘殘習，坐七寶菩提樹下，以天衣為座，現帶劣勝應身。

〔旭師自註云〕：分段生身故劣，如須彌山故勝。

為三乘根性，轉無生四諦法輪，緣盡入滅。正習俱除，如劫火所燒，炭灰俱盡。與藏教佛果齊。

語譯

所謂通教的究竟即菩提，便是三乘共十地的最高第十位的佛地。若遇受度的衆生，機緣成熟時，菩薩便在七寶所成的菩提樹下，以天衣爲座，一念相應慧，與無生四諦之理相應，斷盡一切煩惱正使及其殘餘的微細習氣，現帶劣勝應身的如來身相。

〔旭師自註云〕：因為是分段生死的身相，所以是劣，又因為身大如須彌山，所以是勝。

爲三乘根性的衆生，轉無生四諦法輪，直至一生的化緣事盡，便入涅槃。由其正使及餘習一起斷盡，此猶如於劫盡之時，劫火焚燒，木盡、炭盡、灰亦全盡。此與藏教的佛果位齊，故名三乘共十地。

註釋

聖嚴識：此所異於藏教者，藏教唯侷聲聞及緣覺之二乘，通教則向下通於藏教的二乘，向上亦通於別圓的大乘，所以通教稱爲三乘共十地，又由於通教菩薩，扶習潤生，遊戲神通，則爲藏教之所不及。

1.「帶劣勝應身」、「七寶菩提樹」、「天衣」：天台學派的化法四教，各有不同的佛身相好，也有四等不同的菩提樹及金剛座。

(1)藏教的佛是「劣應身」，如釋迦丈六身，彌勒十六丈等，在木樹下的生草座上成佛。

⑵通教的佛，名爲「帶劣勝應身」，以其仍以分段生死身，應化救度界內衆生，故名爲劣，此身高大如須彌山，故名爲勝，在七寶樹下的天衣座上成佛。

⑶別教的佛，名爲「圓滿報身」，身量等同塵剎數世界之廣大，相好等同剎土微塵數之衆多，在蓮華藏世界的七寶樹下、大寶華王座上成佛。

⑷圓教的佛，名爲「清淨法身」，一一相好，均能等同一眞法界，居上上品常寂光淨土，登涅槃山頂，以虛空爲座。

此可將化法四教的四種究竟即菩提之內容，前後對比著看。亦請參閱本書圓教究竟即佛項下的註2.「三身」條（第三二〇頁），另有詳釋。

依據靜修的《教觀綱宗科釋》，對此段文義的解釋說：「菩薩成佛時，諸天龍等，各以妙衣敷座。欲界天衣，從樹邊生，無縷、無纖、譬如薄冰，光耀明淨，有種種色；色界天衣，純金色光明。」又說：「樹是木樹，座仍生草，但機感不同，見爲七寶及天衣也。」

2.「劫火所燒」：依據大小乘諸經論中所說的世間相，在時間的過程中，稱爲劫波（kalpa），以二十小劫爲一中劫；以成、住、壞、空的四個中劫，稱爲一個大劫；當壞劫來臨時，共有三災，便是當火災起時，一直燒到色界初禪天，水災起時，一直淹到二禪天，當風災起時，一直吹到三禪天。請參閱《長阿含經》卷二十一的《世記經．三災品》及《起世因本經》卷九〈住世品第十一〉等的三大災，〈劫住品第十〉則有刀杖、饑饉、疾疫等三小災。三界六道表請見附圖八（第三八四頁）

七、通教的修證果位

原文

此教亦具三乘根性，同以滅諦為初門。然鈍根二乘，但見於空，不見不空，仍與三藏同歸灰斷，故名通前；利根三乘，不但見空，兼見不空，不空即是中道，則被別圓來接，故名通後。

中道又分為二：一者但中，唯有理性，不具諸法，見但中者，接入別教。二者圓中，此理圓妙，具一切法，見圓中者，接入圓教。就此被接，又約三位：一者上根，八人、見地被接；二者中根，薄地、離欲地被接；三者下根，已辦地、支佛地被接。就此三位被接，又各有按位、勝進二義：若按位接，或同別十向，或同圓十信；若勝進接，或登別初地，或登圓初住；既被接已，實是別圓二教菩薩，於當教中，仍存第九菩薩地名，至機緣熟，示現成佛，乃是別地圓住，來示世間最高大身，非由通教教道得成佛也。通教尚無實成佛義，況藏教哉？藏教佛果，亦皆別地、圓住、所現劣應身耳。

語譯

此通教亦具有三乘根性的三類人，也都同以四聖諦的滅諦爲觀行的初門。不過鈍根的二乘，但見於緣生性空，尚未見到空即不空，故仍與三藏教同歸於灰身滅智的果位，所以名爲通前的通教。

至於利根的三乘，不但見到緣生性空，也能見到空即不空，此所謂不空，便是中道，因而能被別教及圓教來接入，所以名爲通後的通教。

所謂中道，又分兩種：1.但中，唯有理性之體，不具諸法之相；若見但中者，便被接入別教。2.圓中，此理圓融，故亦具一切諸法之相；若見圓中者，便被接入圓教。

就此被接而言，又分三種位次：1.若是利根中的上根之人，於三乘共十地的第三八人地及第四見地中被接。2.若是利根中的中根之人，於第五薄地及第六離欲地中被接。3.若是利根中的下根之人，於第七已辦地及第八支佛地中被接。

就此三種被接的位次，又各有按位及勝進的二義：1.若是按位接，有兩種可能，其位次或有同於別教的十迴向位，或有同於圓教的十信位。2.若是勝進接，也有兩種可能，其位次或有登於別教的初地位，或有登於圓教的初住位。

既然已經被別圓二教所接，實即是別圓二教的菩薩，不過於通教三乘共十地的當教之中，仍存有其第九菩薩地之名稱。直至機緣成熟，便示現成佛。那是以別教的初地菩薩以及圓教的初住菩薩身分，來示現世間的最高大身，並不是以通教的地位來示現成佛的。

因此可知，通教菩薩尚無實際成佛之義，何況藏教菩薩豈有眞實成佛之義呢？所以，藏通二教的佛果，不是眞實圓滿的報身佛及法身佛，那都只是修到別教的初地菩薩及圓教的初住菩薩，所示現的劣應身佛而已。

註釋

1.「通前」與「通後」：請參考通教章（第二〇九頁）。

2.「被接」：是被接入之意，乃天台學派的專用名詞，是對化法四教中的通別二教之利根人，各有被其後的別圓二教所接入之意。因此而有三種被接：⑴是別接通，又名別入通，是指通教的利根人，若見但中之理，即被別教接入。⑵是圓接通，是指通教的利根人，若見不但中之理，即被圓教接入。⑶是圓接別，又名圓入別，是指別教的利根人，若見不但中之理，即被接入圓教。由於藏教皆屬鈍根人，但見俗眞二諦，不見不空的中道，故不被接入別圓二教。

《摩訶止觀》卷六下有云：「佛滿字（大乘教）門，通通、通別，鈍根止能通通，不能通別，故此（通）教得有別接之義。利者被接，更用中道；不被接者，不須（空假中的）第三（中）觀。」這是說，滿字門的大乘教，既通於通教，也通於別教，若係鈍根人，只能通於通教，不能通於別教。此通教中利根者，被接後再用中道觀；如果不被別教接入的鈍根人，就無須用到中道觀了。

有關別入通、圓入通、圓入別的三種被接，請參閱《法華玄義》卷二下。

通教三乘共十地的人，從何地開始被別圓二教接入?天台家中也有不同的看法。依高麗諦觀的《四教儀》說：「若上根，三地、四地被接，中根之人，五地、六地，下根之人，七地、八地。所接之教，眞似不同，若似位被接，別十迴向、圓十信位；若眞位受接，別初地、圓初住。」旭師的《教觀綱宗》所說，全同於此。唯於天台六祖荊溪湛然的《止觀輔行傳弘決》卷六之四則云：「始從四地，終至九地，咸受接名。三根不同，故位不等。四地爲上，六七爲中，八九爲下。」他未取第三的八人地，亦漏列第五薄地。諦觀是高麗人，於唐末五代吳越王時來華，留下了他的不朽之著《四教儀》，他的時代晚於湛然（西元七一一—七八二年）約一百多年，作爲台宗傳燈錄的《佛祖統紀》卷十，於淨光旁出世家的諦觀法師條下，對他也有評述說：「此書（《四教儀》）即荊溪《八教大意》（實係章安撰），觀師略加修治，易以今名，沒前人之功，深所不可。」於此可知，諦觀與湛然的天台思想，的確是略有出入的。

八、通教的十法成乘

原文

十法成乘者，一明觀境，六道陰入，能觀所觀，皆如幻化。二明發心，二乘緣眞自行，菩薩體幻兼人，與樂拔苦，譬於鏡像。三安心如空之止觀。四以幻化慧，破幻化見思。五雖知苦、集、流轉、六蔽等，皆如幻化，亦以幻化道滅，還滅六度等通之。六以不可得心，修三十七道品。七體三藏法，無常苦空，如幻而治，八識乾慧等如幻次位，而不謬濫。九安忍乾慧位，內外諸障，而入性地。十不著性地相似法愛，而入八人見地證眞。利鈍分別如前說。

語譯

聖嚴識：十乘觀法，名目雖同於三藏教，內容則完全不同，此可對比著讀。

通教的十法成乘者：

1.明所觀的境界，是六道衆生的五陰及十二入，結果，能觀之心及所觀之境，皆是如幻如化。

2.明眞正發心，通教三乘中的二乘人，緣無生四諦的眞諦而修行；菩薩乘人，體達諸法如幻如化，亦兼教人體法如幻，乃是與衆生樂、拔衆生苦。又知一切諸法，譬如鏡中之像，非有而有，即有非有。

3.善巧安心於如空的止觀，通教是用如空如幻之止觀，對治如空如幻之昏散，生如空幻的智慧，破如空幻的煩惱。

4.以幻化的智慧，破幻化的見思二惑。

5.雖然知道，苦集二諦的生死流轉，以及見於《大智度論》卷三十三的慳貪、破戒、瞋恚、懈怠、散亂、愚癡等六蔽，都是如幻如化。但亦以幻化的道滅二諦，促成生死的還滅；並用如幻如化的六度等法門，來打通如幻如化的六蔽心。

6.以如幻如化的能修之不可得心，來修如幻如化的三十七道品，能修所修雖皆是空，仍須精進修行道品，否則便墮於大邪見中，必入於惡道。

7.體認三藏教法的無常、苦、空，也是如幻的，就用如幻的智慧，來對治三藏教的執著諸法定是無常、苦、空。助其開通三解脫門。

8.識知三乘共十地的乾慧地等次第果位，也是如幻而又不會謬誤，不會以凡濫聖。

9.能安忍於內外諸種障緣，便可從第一乾慧地進入第二性地。

10.不著相似法愛，這是由於性地也還是相似即位，於此不應生愛著心，方能入第三八人地之後，才得第四見道地，是分證即位，得證眞諦。至於鈍根二乘及利根三乘，被接與不被接，已如前節中所明，利人節節得入，鈍者具十法方悟。

六、別教

原文

別教，謂教、理、智、斷、行、位、因、果，別前藏通二教，別後圓教，故名別也。此教詮無量四諦，亦詮不思議生滅十二因緣，亦詮不思議六度十度，亦詮顯中二諦，亦詮圓入別二諦，亦詮別三諦，亦詮圓入別三諦。開示界外鈍根菩薩，令修次第三觀，出分段變易二種生死，證中道無住涅槃。

〔旭師自註云〕：

(1)教理智斷行位因果：教則獨被菩薩，理則隔歷三諦，智則三智次第，斷則三惑前後，行則五行差別，位則位不相收，因則一因迴出，不即二邊，果則一果不融，諸位差別。

(2)無量四諦：苦有無量相，十法界不同故；集有無量相，五住煩惱不同故；道有無量相，恆沙佛法不同故；滅有無量相，諸波羅蜜不同故。

(3)不思議生滅十二因緣：枝末無明為分段生因，根本無明為變易生因。

(4)不思議六度十度：於第六般若中，復開方便、願、力、智四種權智，共成十度。一一度中，攝一切法、生一切法、成一切法，浩若恆沙。

(5)顯中二諦：幻有、幻有即空，皆名為俗；不有不空，為真。

(6)圓入別二諦：幻有、幻有即空，皆名為俗；不有不空、一切法趣不有不空，為真。

(7)別三諦：開俗為兩諦，對真為中，中理而已。

(8)圓入別三諦：二諦同前，點真中道，具足佛法。

(9)次第三觀：先空、次假、後中。

語譯

聖嚴識：現將上段原文及旭師的自註與《釋義》，整合著語譯如下：

所謂別教，是在教、理、智、斷、行、位、因、果的八個項目上，有別於此前的藏教及通教，也有別於此後的圓教，所以名爲別教。

1.別教的能詮之教，獨被菩薩，不通於二乘，故有別於藏通二教；但亦不是圓教的一乘教法，故也有別於圓教。

2.別教的所詮之理，是眞、俗、中的三諦，隔歷不融，次第而證，故有別於藏通二教的不講三諦；也有別於圓教講的稱性圓解，圓融三諦。

3.別教所證之三智，一切智、道種智、一切種智，是次第而證，故有別於藏通二教的但有一切智和少分的道種智，而無一切種智；也有別於圓教的三智一心中得，不歷次第。

4.別教所斷之三惑，見思、塵沙、無明，也是次第而斷，故有別於藏通二教的但斷見思惑以及少分的塵沙惑，而又未聞無明惑；也有別於圓教的不斷而斷、圓斷三惑。

5.別教所修之五行，聖行、梵行、天行、嬰兒行、病行，是次第而修，故有別於藏通二教的但有聖行和少分梵行，而無其他三行；也有別於圓教的一行一切行，圓修五行。

6.別教所證的位次，是有十住、十行、十迴向（合稱三賢）、十地（名爲十聖）等，有別於藏教的七方便、四果、緣覺、菩薩的三乘位次；亦有別於通教的三乘共十地位次；也有別於圓教的一位一切位，隨舉一位，即圓具諸位。故稱別教的位次與圓教相比，是隔別「不相收」的。

7.別教的因依，是以正因佛性的一因，而迴然超出於生死涅槃的二邊之外，故有別於藏通二教之尚不知有正因佛性；也有別於圓教具足三因佛性之正因佛性、緣因佛性、了因佛性。

8.別教的果證，是指妙覺位的一個極果，不與他位相融，因其位位都不相即，直到妙覺極果，方證法身，不說「初發心時便成正覺」等的道理，故有別於藏通二教的不知法身；也有別於圓教的同時具足法、報、化三身，而且一身即是一切身。

在此別教之中，詮釋七個項目：

1.詮釋無量四諦：即是說，四諦中的苦諦有無量相，因爲十法界的衆生受苦各各不相同故；集諦亦有無量相，因爲五住煩惱的見一處住地、欲愛住地、色愛住地、有愛住地、無明住地等，各各不同故；道諦亦有無量相，因爲有恆河沙數的無量法門故；滅諦亦有無量相，因爲法門無量，其對治的效果，度脫的衆生，滅諸煩惱的波羅蜜門，亦是無量。

2.詮釋不思議生滅十二因緣：是釋前四住地的枝末無明爲分段生死之因，第五住地的根本無明爲變易生死之因。

3.亦詮釋不思議六度及十度：六度即是布施、持戒、忍辱、精進、禪定、般若；所謂十度，是於第六度的般若之中，又開出方便、願、力、智的四種。所謂不思議，是說在一一度中，皆攝一切法，皆生一切法，皆成一切法，浩瀚如恆河沙數。

4.亦詮釋顯中之二諦：是說幻有、幻有即空，皆名爲俗；不有不空爲眞，故名顯中二諦。此與通教的兩種含中二諦不同，別教將通教的二諦，束爲俗諦，則十法界皆爲俗諦所攝；別教以不有不空爲眞，則中道爲十法界的迷悟所依，才算是眞，這是明言中道爲眞，故稱爲「顯中」。

5.亦詮釋圓入別之二諦：圓入別，即是別教被圓教所接。是以幻有、幻有即空，皆名爲俗諦；不有不空、一切法趣不有不空，名爲眞諦。因爲別教以眞諦顯中，中是不有不空的法性而已，現在此處說的法性具一切法、一切法皆趣不有不空，則於不有不空之外，更無一法可得。

6.亦詮釋別三諦：由於顯中之二諦，合有及空，名爲俗諦，不有不空，名爲眞諦。今將此中的俗諦分爲二，便是以有爲俗諦，以空爲眞諦；再取眞諦之不有不空，名爲中諦。便成爲別教的三諦。其實此所謂的二諦和三諦，但有開合的差別，並無義理的增減。

7.亦詮釋圓入別三諦：圓入別，即別教被圓教所接。二諦義同前項顯中之二諦，點出眞諦爲中道。有即是俗，空即是眞，不改別教義；不空不有，名爲中諦，中諦若具一切法，便成圓教的中諦了。

別教是爲開示界外的鈍根菩薩，令之修行，先空、次假、後中的次第三觀，令之出離分段及變易的二種生死，證得中道的無住涅槃。

註釋

1.「行則五行差別」：五行出於《涅槃經》卷十一：⑴聖行是菩薩行的戒定慧三學。⑵梵行是以清淨心運慈悲行，爲衆生拔苦與樂。⑶天行是四天之中的義天（見《大般涅槃經》卷二十二），菩薩由天然之理而成就妙行。⑷嬰兒行是譬喻人天小乘之行，菩薩以慈悲心，示現人天小乘的小善行。⑸病行是菩薩以大慈悲心，隨和一切衆生，同有煩惱、同有病苦。

此五行在天台學派的詮釋，後後勝於前前：⑴戒定慧三學的聖行，是別教菩薩的十住位，乃爲入空行。⑵慈悲喜捨的梵行，是別教菩薩的十行及十向位，乃爲入假行。⑶依理成行的天行，是別教菩薩的初地已上位，乃爲中道行。⑷從天行之體而起化他之用，示同小善，名嬰兒行，是別教菩薩的大慈之用。⑸示同煩惱病苦的病行，是別教菩薩的大悲之用。

藏通二教，但有五行中的聖行及少分的梵行，故有異於別教的五行次第行，圓教是五行互攝，一行一切行，故亦不同於別教。故將別教稱爲五行差別。

2.「五住煩惱」：又名五住地惑、亦名五住地煩惱。由根本煩惱能生起枝末煩惱者，故名爲住地。那就是見一處住地、欲愛住地、色愛住地、有愛住地、無明住地。此五住煩惱，若配以根本及枝末煩惱，則前四住地爲枝末煩惱，第五無明住地是根本煩惱。若以枝末煩惱配見思二惑，則第一見一處住地是見惑，第二三四的欲愛、色愛、有愛的三個住地是思惑。若以三界配以五住地惑，則第一見一處住地爲三界，欲愛住地爲欲界，色愛住地爲色界，有愛住地爲無色界，無明住地爲三界。可列一表。請見附圖九（第三八六頁）

依《勝鬘經》說，煩惱有二種，即是住地煩惱及起煩惱，五住煩惱的前四種，皆爲住地，因爲一切的起煩惱，都是依此四種住地而起，起者，刹那心與刹那相應故，與心不相應的，便是無始無明住地。一切煩惱依四住地起，然在四住地之前，更有法起四住地故，那就名爲無始無明住地。

天台學家將《勝鬘經》五住地中的第一住地列爲見惑，二三四的三個住地列爲三界思惑；束此四個住地，列爲界內的見思二惑，二乘人斷之即得出離三界。

第五無明住地爲界外惑，就之別立四十二品，經四十二位斷盡，便離分段與變易二種生死，得證大涅槃。

3.「不思議生滅十二因緣」：有關四種十二因緣，已在通教章的註釋「思議不生滅十二因緣」條下，有較詳細的介紹（第二一五頁）。《法華玄義》卷二下有明四種十二因緣，亦請參閱。

旭師的《釋義》第三十一條，對於不思議生滅十二因緣，有如下的詮釋：見思惑的枝末無明，爲分段生死之因，已如藏教章中之解釋；根本無明者，乃爲不了心外無法，那便是厭苦、斷集、證滅、修道，迷於中道的眞實義諦，因而發起界外的偏眞無漏之行也。由此引生方便土中，變易生死的識種；復緣界外無漏正受，而起涅槃法愛，深生取著，潤彼變易生死的識種，令生「有」芽，招感方便土中不思議變易生死。

又以不了心外無法，而訶棄眞空，別修萬行，亦是迷於中道眞實義諦，所以發起界外的入假神通行也。由此引生實報土中變易生死的識種，復緣界外的勝妙境界，而起神通法愛，深生取著，潤彼變易生死的識種，令生「有」業之芽，招感實報土中不思議變易生死，直至佛果，則十二品無明盡滅，方得永斷二種生死。

4.「分段變易二種生死」：又名二種死，依據《勝鬘經．一乘章》有云：「有二種死，何等爲二？謂分段死，不思議變易死。分段死者，謂虛僞衆生，不思議變易死者，謂阿羅漢、辟支佛、大力菩薩意生身、乃至究竟無上菩提。」以此可知，分段生死是界內的衆生有漏之身，不思議變易生死是界外的阿羅漢、辟支佛、大力菩薩三種人的意生身。唯有無明斷盡的無上佛果位，才得二死永斷。

七、別教的六即及其修證

原文

亦於當教，自論六即。

語譯

以上說明別教的範圍及其層次地位，現在亦須就別教本身，申論六即菩提。

一、別教的理即

原文

理即者，但中也。眞如法性，隨緣不變，在生死而不染，證涅槃而非淨。迥超二邊，不即諸法。故依圓教，判曰但中。

語譯

所謂別教的理即菩提，就是但中的理體佛性。它也就是《起信論》所說隨緣不變的眞如法性，在生死之中不受染污，證涅槃時亦非另有什麼可以清淨之物。它迥然超越於染淨的二邊，也並不即是一切諸法。故依圓教的立場，將之判爲但中。

註釋

「但中」：藏教是偏眞之理，通教未聞中道理體，別教是但中之理，圓教是圓中之理。別教的但中佛性，超越於眞俗及空有之二邊，尚不是三諦相即圓融的中道。唯有圓教的圓中佛性，與一切法圓融無礙，即一切法，無非中道佛性。

二、別教的名字即

原文

名字即者，解義也。仰信眞如法性，凡不能減，聖不能增，但由客塵覆蔽，而不證得，須先藉緣修，助發眞修，方可尅證。

語譯

所謂別教的名字即菩提，是已解但中義，得聞超越二邊，別有但中的佛性，即起信心，信仰自己本有隨生死染緣而不變的眞如法性，那是在凡夫位時不可能減少，到聖者位時也不可能有什麼增加的。凡夫只是由於煩惱客塵將此眞如法性覆蔽了，所以不能體證，必須藉緣，以先修空觀、假觀爲方便，進而眞修中觀，滅除煩惱生死，方可親證但中的佛性，即是眞如法性。

註釋

「眞如法性」：眞如的梵文是 **Bhūta-tathatā**，有很多的同體異名，例如自性清淨心、佛性、法身、如來藏、實相、法界、法性、圓成實性等。又被譯爲眞如性，它是眞實如常的一切諸法之體性；離虛妄故爲眞實，常住而不改變故爲如實。故名之爲眞如。

主要有《起信論》與《唯識論》的兩種眞如觀，《起信論》主張眞如隨緣不變、不變隨緣；《唯識論》主張眞如不隨緣。天台家及華嚴家採用《起信論》的觀點，所謂隨緣眞如，便是眞如隨無明之緣，起九法界之妄法，雖有隨緣之妄法而眞性不變。依隨緣眞如，故眞如即萬法；依不變眞如，故萬法即眞如。這是如來藏系的思想特色之一。

三、別教的觀行即

原文

觀行即者，外凡十信位也。一信心、二念心、三精進心、四慧心、五定心、六不退心、七迴向心、八護法心、九戒心、十願心。既先仰信中道，且用生滅因緣觀，伏三界見思煩惱，故名伏忍，與通乾慧、性地齊。

語譯

所謂別教的觀行即菩提，便是外凡的十信位。所謂十信，是依《瓔珞經》所說菩薩五十二位的最初十位，那就是在聽聞別教的但中佛性、無量四諦、不思議生滅十二因緣等的道理之時，隨順不疑，叫做信位；且以生滅因緣觀，伏三界的見思煩惱，故名此十信爲伏忍；十信的行位，和藏教的七方便位、通教的第一乾慧地及第二性地齊。

所謂十信位，現據靜權的《天台宗綱要》，介紹如下：

1.信心位：聞但中理等深信不疑。

2.念心位：於但中理，憶念不忘。

3.精進心位：爲要親證但中理，先修空觀，觀眞諦理，一心精進。

4.慧心位：運用智慧揀擇，離諸過失。

5.定心位：湛然寧寂，心不動搖，與眞諦相應。

6.不退心位：定力日深，慧光日發，定慧互資，縱遇障難，心不退轉。

7.迴向心位：以此定慧，迴向佛地。

8.護法心位：兢兢自護，保持不失。

9.戒心位：任運防止，一切過非。

10.願心位：能夠住戒自在，復以本願，遊歷十方，上求佛道，下化衆生，凡有所作，皆隨所願。

註釋

「伏忍」與「十信」：依《仁王般若經》卷上〈菩薩行品〉所說，共有五忍云：「佛告（波斯匿）大王，諸菩薩摩訶薩，依五忍法以為修行，所謂伏忍、信忍、順忍、無生忍，皆上中下，於寂滅忍，而有上下。」又說：「善男子！初伏忍位，起習種性，修十住行；初發心相，有恆沙眾生，見佛法僧，發於十信，所謂信心、念心、精進心、慧心、定心、不退心、戒心、願心、護法心、迴向心。具此十心而能少分化諸眾生，超過二乘一切善地，是為菩薩初長養心。」這是十信位與伏忍位的依據。此位雖僅與藏教三賢四善根的七方便位齊，卻已超過藏教二乘的一切善地了。

四、別教的相似即

原文

相似即者，內凡三十心三賢位也。

初十住者，一發心住，斷三界見惑，與通見地齊。二治地住。三修行住。四生貴住。五方便具足住。六正心住。七不退住，斷三界思惑盡，與通已辦地齊。八童眞住。九法王子住。十灌頂住，斷界內塵沙，與通佛地齊。此十住名習種性。

〔旭師自註云〕：研習空觀。

用從假入空觀，見眞諦，開慧眼，成一切智，行三百由旬，證位不退。

次十行者，一歡喜行。二饒益行。三無瞋恨行。四無盡行。五離癡亂行。六善現行。七無著行。八尊重行。九善法行。十眞實行。此十行名性種性。

〔旭師自註云〕：分別假性。

用從空入假觀，遍學四教四門，斷界外塵沙，見俗諦，開法眼，成道種智。

次十迴向者，一救護衆生離衆生相迴向。二不壞迴向。三等一切佛迴向。四至一切處迴向。五無盡功德藏迴向。六隨順平等善根迴向。七隨順等觀一切衆生迴向。八眞如相迴向。九無縛解脫迴向。十法界無量迴向。此十向名道種性。

〔旭師自註云〕：中道能通。

習中觀，伏無明，行四百由旬，居方便有餘土，證行不退。

語譯

聖嚴識：所謂別教的相似即菩提，便是內凡十住、十行、十迴向的三十心位，亦名別教菩薩的三賢位，不僅超過藏教的七方便位，也超過藏通二教的佛果位；是從通教三乘共十地的第三八人地開始，便進入別教的初住，已相當於藏教的初果。別教的七住，便是藏通二教的佛果位。別教的第八住以上，便非藏通二教所知了。

現在參考《天台宗綱要》及關口眞大的《校訂天台四教儀》所附第十圖，介紹三十心如下：

所謂十住，是以智慧之心，住眞諦之理，共有十階：

1.發心住，信心成滿，廣求智慧，創發大心，即斷三界見惑，與藏教初果齊，與通教八人地及見地齊，也與圓教的初信位齊。

2.治地住，隨空觀心，淨諸六度法門，鍊治心地，與藏教二果、通教薄地齊，也與圓教的第二信位齊。

3.修行住，巧觀空有，長養衆行，與藏教三果、通教離欲地齊。

4.生貴住，生於眞諦實際之家，種性清淨，與藏教四果阿羅漢、通教已辦地齊。

5.方便具足住，帶眞隨俗，修習無量善根，與藏教辟支佛、通教支佛地齊。

6.正心住，成就第六般若法門，與通教第九菩薩地齊。

7.不退住，徹證無生，入於畢竟空界，與藏通二教的佛果位齊，也與圓教第七信位齊。《教觀綱宗》則說，於第七住斷三界思惑盡，與通教已辦地齊。

8.童眞住，見空而不取證，悲智堅固，如人初生，天眞純粹。

9.法王子住，不住於空而能入假化物，當紹佛位。

10.灌頂住，觀空無相，得無生心，以無生法水灌頂，如轉輪王太子，當紹王位，用寶瓶取四大海水，灌太子頂。

於第六正心住時，位與通教第九菩薩地齊，扶習潤生，利物行因，故即開始伏界內障礙菩薩道的塵沙惑；到了別教第七、八、九的三個住位，便開始斷界內塵沙惑，伏界外塵沙惑，並且已與圓教的第八信位齊。

此十住，名爲研習空觀的習種性位，用從假入空觀，假是凡俗的虛妄，空是審實，先照於假，後入於空，故謂用從假入空觀，即見眞諦；便開慧眼，了知無相無作、無生無滅之理；便成一切智，對於一切內法內名，一切外法外名，能知能解，但尚不能用諸佛道法，發起衆生善根。從此即證三不退中的位不退。以《法華經・化城喻品》所說須行五百由旬方至寶所而言，於此十住位，僅算已行三百由旬。

所謂十行位，行是進趣的意思，由此從空入假，觀無量四諦。現依《天台宗綱要》，條解如下：

1. 歡喜行：初入法空，心生歡喜。
2. 饒益行：常化衆生，令得法益。
3. 無瞋恨行：常修忍辱，謙下恭敬。
4. 無盡行：發大勇猛，行大精進，令一切衆生，至究竟涅槃。
5. 離癡亂行：修定持心，不爲無明之所失亂。
6. 善現行：般若智照，念念現前。
7. 無著行：以人法二空爲方便，空諸執著。
8. 尊重行：依四弘誓，運大慈悲，所願如心，爲天人所敬。
9. 善法行：力行眞性、觀照、資成之三軌，說法授人，令人信解領受，三輪清淨，善成軌則。

10.眞實行：眞俗二諦，同時現前，空有雙非，顯但中理。

這十行，名爲分別假性的性種性位，是能分別十法界的種種性、種種欲，無有錯謬。用從空入假觀，若住於空，便同二乘，於十行位中，觀空而不住於空，乃入於假，遍觀衆生之病，遍學四教一切法門之藥，應病給藥，令得服行。在十行中，斷界外塵沙，見俗諦理；開法眼而能明察生、住、異、滅，自、他、一、異等相，無不洞鑑。成道種智，則能分別一切假名，用諸佛道法，發起衆生善根。

所謂十迴向，迴向者，有迴因向果、迴事向理、迴自向他；理事融和，順入法界之意。今亦依《天台宗綱要》，條解如下：

1.救護衆生離衆生相迴向，以無相心，於六道中，廣度衆生。

2.不壞迴向，念念不住空有二邊，歸向中道；二邊可壞，中道不壞。

3.等一切佛迴向，一切時中，依三世佛法而行。

4.至一切處迴向，以大願力，入一切佛土，供養一切諸佛。

5.無盡功德藏迴向，以常住之法，授於衆生（人），常住之法，含藏一切大乘功德故。

6.隨順平等善根迴向，行中道之善法，不落於空有二邊。

7.隨順等觀一切衆生迴向，觀諸衆生，或修善、或行惡，無有二相。

8.眞如相迴向，以中道觀，隨順實相，出入同佛，即寂而照，常照有無。

9.無縛解脫迴向，以般若照三世諸法，理智合一，故無能照所照。

10.法界無量迴向，覺一切法，中道無相，一名入法界無量迴向。

此十迴向位，名爲中道能通的道種性，正修中觀爲道，能生佛果爲種。即是《教觀綱宗科釋》所解，亦與此同。

修習中道第一義觀，此位已與圓教的十信位齊，伏無明惑，居方便有餘土；化他行滿，無有退轉，故證行不退。若依《法華經．化城喻品》所說，別教十迴向位，猶如全程五百由旬，到此則等於已行四百由旬。

註釋

1.「三十心」：依《四教儀》所說，這是《華嚴經》所明四十一位之中的十住、十行、十迴向，合稱三賢位。《菩薩瓔珞本業經》則明五十二位，是在三賢位前加十信位。是在三賢位前加十信位。在十地位後、妙覺位前，加等覺位。

2.「習種性」、「性種性」、「道種性」等：這是《瓔珞經》卷上以六種性配四十二位，即是十住習種性，十行性種性，十迴向道種性，十地聖種性、等覺性、妙覺性。五十二位中的第一科十信位，尚屬外凡位，故不入種性之流；三賢已是內凡位，便分屬三個種性；十地及等覺，是聖流之因，故屬兩個種性，妙覺是聖位之果，故為最高種性。

別教五十二位凡聖因果種性，請見附圖十（第三八七頁）

五、別教的分證即

原文

分證即佛者，十地聖種性。〔旭師自註云〕：證入聖地。及等覺性也。〔旭師自註云〕：去佛一等。

初歡喜地，名見道位，以中道觀，見第一義諦，開佛眼，成一切種智，行五百由旬，初入實報無障礙土，初到寶所，證念不退，得無功用道，隨可化機緣，能百界作佛，八相成道，利益眾生。二離垢地。三發光地。四焰慧地。五難勝地。六現前地。七遠行地。八不動地。九善慧地。

十法雲地。各斷一品無明，證一分中道。更破一品無明，入等覺位，亦名金剛心，亦名一生補處，亦名有上士。

語譯

所謂別教的分證即佛，即是證入十個聖地的聖種性，菩薩歷經觀行位、相似位，修空假二觀，爲方便道，入中道第一義諦觀，初破一分無明惑，初證一分中道理，便是分證即佛位。此位又分二位，即是十地聖種性，以及距離妙覺佛位尚有一等的等覺性。在這之前，但稱爲即，不名即佛，到了別教的分證，方稱即佛。其原因則請參閱後面圓教的六即文（第二九九頁）。

十地的位次名稱是：

1. 歡喜地：這是別教菩薩經過三賢位之後破一分無明，即入見道位，是以中道觀，見第一義諦，捨凡入聖，平等雙照有無二邊。開佛眼，成就一切種智，如《法華經．化城喩品》的行了全程五百由旬，初入實報無障礙土，初到寶藏之所，證到三不退中的念不退，得到無功用道，隨順可化的衆生根機，能於百界作佛，亦以八相成道身，利益衆生。

此下的九地，參考《天台宗綱要》及《科釋》，介紹如次：

2.離垢地：以中道觀，不落二邊，以無相而入衆生界，終日度衆生，不見有衆生可度，與衆生同處，猶如虛空。

3.發光地：以中道智光，慧照無礙，入上信忍，修習諸佛道法，淨極而明生。

4.燄慧地：順於無生法忍，觀一切法，觀慧發燄，比前更極明淨。

5.難勝地：順無生忍，觀於三界，無明皆空，不但方便土塵沙已盡，即實報土與分證寂光土之無明，亦已分盡，

6.現前地：爲上品柔順忍，諸法無生，觀於三世，寂滅境相，常時現前。

7.遠行地：觀諸煩惱，不有不無，當體無生，是以任運常向上地，念念寂滅。

8.不動地：修無生忍，以中道觀，捨三界有爲動作之地，不再被三界的動作所動。

9.善慧地：以上品無生忍，於一一世界，學佛化度，無明將盡，智慧轉增，念

念覺無生之理，即以此理，覺悟衆生。

10.法雲地：以此地證寂滅理，受佛職位，既同於不妄不變之眞如，亦等於交徹融攝之法界，唯以妙法慈雲，覆涅槃之海。

以上十地，每地各斷一品無明，各證一分中道。此後更斷一品無明，即入等覺位，是於第十地的後心用觀，又斷一品無明，入等覺位；此等覺位，對於法雲地而言，已經是佛，若從妙覺位看，此位名爲金剛心菩薩；望於妙覺，猶有一等，故名等覺；猶有最後一品無明，故對變易生死而言，亦名一生補處菩薩，過此一生，即補妙覺之處；由於等覺菩薩尚有一品無明未斷，故亦名爲有上士。妙覺的佛位，即名無上士。

註釋

1.「上信忍」、「順無生忍」、「無生忍」：三賢位的十住、十行、十迴向，爲伏忍，初歡喜地爲下品信忍，第二離垢地爲中品信忍，第三發光地爲上品信忍。第四燄慧地爲下品柔順忍，第五難勝地爲中品柔順忍，第六現前地爲上品柔順忍；順於無生法忍之理，故名順無生忍。第七遠行地爲下品無生忍，第八不動地爲中品無生忍，第九善慧地爲上品無生忍。

2.「三種不退」：依天台家言，⑴別教初住至第七住，爲位不退，斷見思二惑，超越三界分段生死。⑵由別教第八住至十迴向終，爲行不退，破塵沙惑，於利他行，不再退失。⑶由別教初地開始，爲念不退，分斷無明之惑，於中道正念，不再退失。

若以之配於圓教，則⑴初信至第七信，爲位不退。⑵第八信至第十信，爲行不退。　初住已上，爲念不退。

若據唯識家言，入十住位是位不退，入初地位是行不退，入第八地是念不退。

3.「中道觀」：是天台學派的三觀之一，所謂三觀，即是空觀、假觀、中道第一義諦觀。智顗的《維摩經玄疏》卷二說：「三觀之名，出《瓔珞經》。」《菩薩瓔珞本業經》卷上的〈賢聖學觀品〉有云：「初地已上，有三觀心，入一切地。三觀者，從假名入空，二諦觀；從空入假，名平等觀；是二觀方便道，因是二空觀，得入中道第一義諦觀，雙照二諦，心心寂滅，進入初地法流水中，名摩訶薩聖種性。」

4.「三眼」、「三智」、「三惑」、「三土」、「三觀」：通常所謂五眼，是肉眼、天眼、慧眼、法眼、佛眼。肉眼及天眼是凡夫所具；別教三賢位的十住位，用從假入空觀，開慧眼，斷見思惑，見空諦（偏眞）眞理，得一切智，生凡聖同居土。別教十行位，用從空入假觀，開法眼，斷界外塵沙，見假（俗）諦理，得道種智，居方便有餘土。別教從初地開始，用中道第一義諦觀，開佛眼，分斷無明，見中諦理，得一切種智，居實報無障礙土。

5.「百界」：即一百個佛國土，亦即一百個大千世界。

6.「金剛心」：依據《大智度論》卷四十五所說，是譬喻此心，「一切結使煩惱所不能動，譬如金剛山，不爲風所傾搖。」然依天台家所見的金剛心，乃爲觀心最明利，是菩薩的最後心，也即是等覺位，此心分爲前中後三個段落，金剛後心，便是無間道，刹那即登妙覺的佛位。《四教義》卷十云：「即是邊際智滿，入重玄門，若望法雲名之爲佛，望妙覺名金剛心菩薩，亦名無垢地菩薩。三魔已盡，餘有一品死魔在，斷無明習也。」《四教儀》亦云：「更斷一品無明，入等覺位，亦名金剛心，亦名一生補處。」《教觀綱宗》所用者，與《四教儀》同。

7.「一生補處」：依據《菩薩本業經・十地品》，是以十地住的第十地住，稱爲補處。《阿閦佛國經》卷上，是以住於兜率天的最後生菩薩，名爲一生補處。因此，當來下生人間成佛的彌勒菩薩，是此界的一生補處。觀世音菩薩是阿彌陀佛極樂國土的一生補處，都是指的等覺位菩薩。

六、別教的究竟即

原文

究竟即佛者，妙覺性也。

〔旭師自註云〕：妙極覺滿。

從金剛後心，更破一品無明，入妙覺位，坐蓮華藏世界，七寶菩提樹下，大寶華王座，現圓滿報身。

〔旭師自註云〕：量同塵剎，相好剎塵。

為鈍根菩薩，轉無量四諦法輪。

語譯

所謂別教的究竟即佛，就是妙極覺滿的妙覺性，也就是佛果位。這是從等覺位的金剛後心，再破最後一品無明，便進入妙覺位，坐在蓮華藏世界、七寶菩提樹下的大寶華王座上，現圓滿報身；此佛身量高大、周遍，量等塵剎國土，相好之多亦等剎塵之數。此身是爲界外鈍根菩薩，轉無量四諦法輪。

註釋

1.「一品無明」：無明共有四十二品，別教但破前十二品，即是從初歡喜地至妙覺地，然其僅與圓教五十二位的第二行位齊，故以圓教菩薩而言，尚有三十品待破。若細分之，十地菩薩的每一地，各各皆有下中上三品，十地之中，即有三十品無明。共計四十二位，每位三品，全部則有一百二十六品無明。

2.「蓮華藏世界」：即是華藏世界海，表十方法界，悉在其中。

3.「鈍根菩薩」：由於其迷於中道第一義諦力較重故，必須次第修證，始能迂迴通向寶所，對圓人而言，名爲鈍根。

七、別教的修證果位

原文

此教名為獨菩薩法，以界外道諦為初門。

〔旭師自註云〕藏通道諦，即界外集；藏通滅諦，即界外苦，故以界外道諦治之。

無復二乘而能接通。通教三乘，既被接後，皆名菩薩，不復名二乘也。

語譯

此別教，名爲唯獨屬於菩薩法門，在四聖諦中，是以界外道諦爲初門。藏教以苦諦爲初門，通教以滅諦爲初門，圓教將以界外滅諦爲初門。此別教以界外道諦爲初門的原因，是爲對治藏通二教的界內道滅二諦。藏通二教的界內道諦，正是別教的界外集諦，藏通二教的界內滅諦，正是別教的界外苦諦。別教既是界外大教，故已無復二乘；既無二乘，當然亦無通教三乘。通教三乘，既已被接入別教和圓教，應皆名爲菩薩，故也失去二乘之名了。

八、別教的十法成乘

原文

十法成乘者，一緣於登地中道之境，而為所觀，迥出空有之表。二眞正發心，普為法界。三安心止觀，定愛慧策。四次第遍破三惑。五識次第三觀為通，見思、塵沙、無明為塞，傳傳檢校，是塞令通。六調適三十七道品，是菩薩寶炬陀羅尼，入三解脫門，證中無漏。七用前藏通法門，助開實相。八善知信、住、行、向、地、等、妙，七位差別，終不謂我叨極上聖。九離違順强軟二賊，策十信位，入於十住。十離相似法愛，策三十心，令入十地。

語譯

所謂別教的十法成乘，即是十乘觀法，與藏通二教，名同實異。

1.觀境，是緣於登初地的中道之境，爲所觀境。這是第一義觀境，其於信、住、行、向位中，習中觀，伏無明，都是中道觀的方便，稱爲緣修位；登初地後，用中道第一義諦，破一品無明，是爲眞修位，故以迴出空有二邊的中道第一義諦，爲其所觀境。

2.眞正發心，是以緣無量四諦，普爲法界衆生，興起四弘誓願。

3.善巧安心止觀，不但修止、不味著禪定，應亦修觀；然亦不但修觀，否則心易浮動，故宜雙修止觀，不相捨離，名爲定愛慧策。

4.破法遍，即是遍破見思、塵沙、無明的三惑。

5.識通塞，以空、假、中的次第三觀爲通，以見思、塵沙、無明的三惑爲塞，位位相傳，輾轉檢點計核，不得稍有疏忽。

6.道品調適，《摩訶止觀》卷七上有引「大集云：三十七品是菩薩寶炬陀羅尼」句，故於別教菩薩，亦修三十七道品作爲調適，以之入空、無相、無作的三解脫門，證中道無漏的實相。

7.對治助開，如果已修三十七道品，仍不能證得中道無漏，便得用藏通二教的種種事相法門，助開三解脫門，以證中道實相第一義諦。

8.知位次，如能善知菩薩修證的道品行位次第，共有七等，那就怎麼也不致於以凡濫聖，亂說我已超凡入聖甚至已登佛位了。

9.能安忍，既知位次，又須遠離違者強及順者軟的二類心賊；對諸逆境及順境，均不起瞋愛之心，方能由十信位而進入十住位。

10.離法愛，不於相似位的十住、十行、十迴向，起法愛心，離此法愛，策勵從三賢位的三十心，進入十地。

註釋

「三十七道品是菩薩寶炬陀羅尼」：因為《大智度論》卷十九說：「問曰：三十七品是聲聞辟支佛道，六波羅蜜是菩薩摩訶薩道，何以故於菩薩道中說聲聞法？答曰：菩薩摩訶薩應學一切善法、一切道。」也說四念處、八正道，都是大乘菩薩法。故到別教菩薩，乃至圓教菩薩，依舊得用藏通二教的事相法門，例如用五停心、四念處、乃至三十七道品等，來對治助開。至於「寶炬陀羅尼」，《科釋》引用湛然的《止觀輔行傳弘決》卷四之二以圓（教）無作道品釋之，乃云：「具足佛法名之為寶，遍照法界名之為炬，總持一切名陀羅尼。」

八、圓教

原文

圓教，謂圓妙、圓融、圓足、圓頓，故名圓教。所謂圓伏、圓信、圓斷、圓行、圓位、圓自在莊嚴、圓建立眾生。

此教詮無作四諦，亦詮不思議不生滅十二因緣，亦詮稱性六度十度，亦詮不思議二諦，亦詮圓妙三諦，開示界外利根菩薩，令修一心三觀，圓超二種生死，圓證三德涅槃。

〔旭師自註云〕

(1)圓妙：三諦圓融，不可思議。

(2)圓融：三一相即，無有缺減。

(3)圓足：圓見事理，一念具足。
(4)圓頓：體非漸成。
(5)圓伏：圓伏五住。
(6)圓信：圓常正信。
(7)圓斷：一斷一切斷。
(8)圓行：一行一切行。
(9)圓位：一位一切位。
(10)圓自在莊嚴：一心三諦為所莊嚴，一心三觀為能莊嚴。
(11)圓建立眾生：四悉普益。
(12)無作四諦：陰入皆如，無苦可捨；無明塵勞即是菩提，無集可斷；邊邪皆中正，無道可修；生死即涅槃，無滅可證。
(13)不思議不生滅十二因緣：無明、愛、取，煩惱即菩提，菩提通達，無復煩惱，即究竟淨了因佛性也。行、有，業即解脫，解脫自在緣因佛性也。識、名色、六入、觸、受、生、老死，苦即法身，法身無苦無樂是大樂，不生不死是常正因佛性也。故大經云十二因緣，名為佛性。

⒁稱性六度十度：施為法界，一切法趣施，是趣不過等。

⒂不思議二諦：幻有、幻有即空，皆為俗；一切法趣有趣空、趣不有不空，為真；真即是俗，俗即是真，如如意珠，珠以譬真，用以譬俗，即珠是用；即用是珠，不二而二，分真俗耳。

⒃圓妙三諦：非惟中道具足佛法，真俗亦然，三諦圓融，一三三一，如止觀說。

⒄一心三觀：照性成修，稱性圓妙，不縱不橫，不前不後，亦不一時。

語譯

聖嚴識：圓教的圓義，源出於晉譯六十卷本的《華嚴經》卷五十五所說：「爾時如來，知諸衆生應受化者，而爲演說圓滿因緣修多羅。」又云：「顯現自在力，演說圓滿經。」天台家依之判圓爲化法四教的第四最上教法，華嚴宗判圓爲五教的第五最上教法。就天台家言，圓融及圓滿是圓體；圓頓是圓位；三諦相即的實相不可思議是圓妙。若依《四教儀》卷十一所說，出於圓教之法，共有八種，稱爲八圓，那就是教圓、理圓、智圓、斷圓、行圓、位圓、因圓、果圓。此與《教觀綱宗》所說的略有出入。現在參考《天台宗綱要》及《科釋》二書，整合《教觀綱宗》原文及旭師的自註，語譯介紹如下：

所謂圓教，是三諦圓融，不可思議，稱爲圓妙；三一相即，無有缺減，稱爲圓融；圓見事理，一念具足，稱爲圓足；體非漸成，稱爲圓頓，因此而名爲圓教。

所謂圓伏五住，名爲圓伏；圓常正信，名爲圓信；一斷一切斷，名爲圓斷；一行一切行，名爲圓行；一位一切位，名爲圓位；一心三諦爲所莊嚴，一心三觀爲能莊嚴，名爲圓自在莊嚴；以四悉檀，普遍利益一切衆生，名爲圓建立衆生。

此圓教，詮釋無作四諦，那就是因爲五陰和十二入皆是眞如，故亦無苦可捨；無明和塵勞的煩惱，即是菩提，故亦無集可斷；邊見及邪見，都即是正直的中道，故亦無道諦可修；生死即是涅槃，故亦無滅諦可證。

此圓教亦詮釋不思議不生滅十二因緣。那就是由於無明、愛、取等三支，是煩惱道，就是菩提，而菩提是通達的般若，煩惱便不存在，那就是究竟清淨的了因佛性。行、有二支，是業道，業即解脫，便是解脫自在眞我的緣因佛性。識、名色、六入、觸、受、生、老死等的七支，是苦道，苦即法身，法身是無苦無樂的大樂，也是不生不死的眞常，那就是正因佛性，所以《大涅槃經》有云：「十二因緣，名爲佛性。」在此項下，是以十二因緣配釋果位的般若、解脫、法身的涅槃三德，以及常、樂、我、淨的涅槃四德，也配釋因位的了因、緣因、正因的三因佛性，因此而名爲不思議不生滅十二因緣。

此圓教亦詮釋稱性六度及十度。有別於藏教明事六度，通教明理六度，別教明不思議六度及十度。圓教則名爲稱法界性而行的六度十度，六度十度的每一度中，各各全是法界，具一切法，即空、即假、即中。如以布施度而言，稱法界性而行布施：施爲法界，一切法趣施，是趣不過，是假義；施尙不可得，是空義；何況當有趣及有非趣，是中義。以此類推六度十度，亦皆稱法界性而行六度十度：六度十度爲法界，一切法趣六度十度，是趣不過，是假義；六度十度尙不可得，是空義；何況當有趣及有非趣，是中義。

圓教亦詮釋不思議二諦。此不同於藏教明實有二諦，通教明幻有、空二諦，通含別和通含圓之二諦；別教明顯中二諦，圓入別二諦。圓教的不思議二諦，是說二諦皆具諸法。俗諦是六凡法界的幻有，以及出世間諸法的幻有即空。眞諦是一切法趣有趣空，以及一切法趣不有不空。眞即是俗，俗即是眞，眞俗相即；如如意寶珠，珠是眞，用是俗，即珠是用，即用是珠，二而不二，不二而二。世間及出世間法，三千性相皆是俗諦；而其三千性相，無非實相的眞諦。眞諦的理性，具足三千性相，名爲理具；俗諦的事相，顯示三千性相，名爲事造。由於俗諦即是眞諦，所以事造三千即是理具三千；由於眞諦即是俗諦，所以理具三千即是事造三千。理具與事造的兩重三千，同居一念，便是天台家的一念三千。

圓教亦詮釋圓妙三諦。此亦不同於藏教的但明二諦不論三諦；不同於通教的明別入通三諦及圓入通三諦；不同於別教的明別三諦及圓入別三諦。圓教所詮的圓妙三諦，是說非但中道實相，具足佛法實相，就是俗諦及眞諦，亦皆具足佛法實相，如《四教儀集解》卷下所說：「三諦圓融，不可思議，名爲圓妙。」也就是俗、眞、中的三諦相即：一即三、三即一的實相不思議，稱爲圓妙三諦。

此圓教是爲開示界外的利根菩薩，故也不同於別教是爲開示界外的鈍根菩薩。圓教令界外利根，修一心三觀，即是圓人於因地依性德而起修德。在吾人的現前介爾一念六識妄心之中，體具三千諸法，即空、即假、即中的圓妙三諦。也就是一切衆生的每一念中，本來具足三諦，稱爲性德，一心三觀，稱爲修德。依此圓妙三諦的性德，而起一心三觀的修德，名爲依性起修；修德功深，性德便顯。所謂一心三觀，便是照性德而成修德，依這種稱性的圓妙三諦，而修一心三觀，而成涅槃三德。三諦相即，就如梵字的伊（∴）字三點，不縱不橫、不前不後，亦不一時。依圓妙三諦的性德，修一心三觀的修德，便能圓超分段及變易的二種生死；便能圓證法身、般若、解脫的涅槃三德，圓妙三諦是因，涅槃三德是果；三諦如伊字三點，而此涅槃三德，亦如伊字三點，不縱不橫、不前不後，亦不一時。此便大異於別教所說：法身本來具足，般若漸次修成，解脫最後始滿了。

註釋

1.「三諦圓融」：是說，眞諦泯一切法，俗諦立一切法，中諦統一切法。圓具三諦是在三諦的任一諦中，均具足三諦；圓融三諦，是在三諦的任何一諦，皆遍於三諦。此即稱爲「三一相即」。

2.「圓見事理，一念具足」：所謂圓見事理，是說事造三千及理具三千，即於凡夫的現前一念妄心之中，本來圓滿具足，故稱爲圓足。至於一念三千，是由十法界的每一法界，各各皆具足十法界，即成爲百法界；百法界的每一法界，各各皆具足十如是，即成爲百界千如；十如是之名，出於《法華經．方便品》所說的相、性、體、力、作、因、緣、果、報、本末究竟；以此千如是各各皆有三世間的差別性相，所以成了一念具足三千性相，簡稱一念三千；所謂三世間，便是《大智度論》卷七十所說的五陰世間、衆生世間、國土世間。

3.「體非漸成」：這是圓頓成就的圓位。若以三諦爲立教之體，遍於一切，名爲「教體本周」；三諦乃天然之性德，非造作所成，名爲「非漸次成」，故合稱爲「體非漸成」。

4.「圓伏五住」：何謂五住煩惱？已在前面別教章的註釋中介紹過了。圓教根性的人，初聞圓教名字，即悟圓理，便能用一心三觀，觀一境三諦。境智相應，五住煩惱不伏而伏，名爲圓伏。

5.「圓常正信」：既已圓伏五住煩惱，便於念念之中，得見圓融三諦，而常生正信，《四教儀集解》卷下云：「信一切法，即空假中，名爲圓信。」

6.「一斷一切斷」：既信一境三諦之理，從此進修，便能不斷而斷，斷五住惑，開佛知見，住大涅槃，故名爲圓斷。

7.「一行一切行」：也是依一境三諦而修，隨觀一境，皆即三諦，隨修一行，即具一切諸行，不動不寂，念念與中道第一義諦相應，故名爲圓行。

8.「一位一切位」：圓人證初住時，即具一切諸位之功德，乃由於圓位的位位之間，都是相融相攝，行布不礙圓融，故名爲圓位。

9.「四悉普益」：於藏、通、別之三教，雖亦論及以四悉檀利益衆生，唯其收機尚未普及。圓教人則自行既圓，利他亦普，故稱四悉普益。

10.「一心三觀」：即是於一心之中圓修空假中三觀，又名圓融三觀、不思議三觀、不次第三觀。唯是圓教利根菩薩所修，一空一切空、一假一切假、一中一切中；亦於一觀之中，三觀相即，互不妨礙。此原出於《大智度論》所說的三智一心中得，再配以《中論・觀四諦品》的「衆因緣生法，我說即是空（śūnyatā亦譯作無），亦爲是假名（Prajñapti），亦是中道（Madhyamā-pratipad）義」的四句偈，便構成了天台家的一心三觀之說。具體的文獻是智顗的《摩訶止觀》卷五上有以下的一段說明：「若法性無明，合有一切法，陰、界、入等，即是俗諦；一切界、入，是一法界，即是眞諦；非一非一切，即是中道第一義諦。如是遍歷一切法，無非不思議三諦云云。若一法一切法，即是『因緣所生法』，是爲假名假觀也；若一切法即一法，『我說即是空』空觀也；若非一非一切者，即是中道觀。一空一切空，無假、中而不空，總空觀也；一假一切假，無空、中而不假，總假觀也；一中一切中，無空、假而不中，總中觀也；即中論所說不可思議一心三觀。」

九、圓教的六即及其修證

原文

正約此教，方論六即。

〔旭師自註云〕前三雖約當教，各論六即，咸未究竟；以藏通極果，僅同此教相似即佛；別教妙覺，僅同此教分證即佛。又就彼當教，但有六義，未有即義，以未知心佛衆生三無差別故也。是故奪而言之，藏通極果、別十迴向，皆名理即，以未解圓中故；登地同圓，方成分證。

語譯

眞正的六即，其實是就圓教而說的。因爲此前的三教，雖就其各自的當教，也各自都說了六即，然都未算究竟；藏通二教的最高佛果位，僅同於此圓教的相似即佛位；別教的妙覺佛果位，也僅同此圓教的分證即佛位。再說，就彼三教自身而言，但有六的意思，尚未有即的意思，以其尚不知如《華嚴經・夜摩天宮品》所說「心、佛、衆生，三無差別」之故。今以圓教的究竟義而言，藏通二教的佛果位，以及別教的十迴向位，皆算是理即佛，以彼等尚未了解圓滿中道是什麼哩！別教登了初地，才算是成了圓教的分證即佛。

註釋

德義的《教觀綱宗贅言》卷下云：「六即義蘊大經，名出智者。止觀卷一引（大涅槃經卷七）如來性品云：譬如貧人家有寶藏，而無知者，知識示之，即得知也。耘除草穢，漸漸得近，近已藏開，盡取用之。大師撮略而引，輔行委釋。義雖蘊經，諸師莫知，吾祖深悟圓宗，發明此義，故於（摩訶）止觀發大心中，約六即顯是。觀經疏中約六即釋佛。荊溪云：此六即義，起自一家，深符圓旨。」

又說智者立六即，有二義：1.爲顯圓，詮諸法事理不二，生佛同體，免生退屈，故名即字，雖全體是，其迷悟因果之相則各不同，免生增上慢，故名六字。

2.爲革除文字法師及暗證禪師之蔽，世間暗證禪人，不事修行，唯云即心是佛，不辨階位深淺，多濫上聖，爲救此蔽，故明六位。另有文字法師，唯守名相，不事實修，並以實證無份，爲此輩人，故名即字，曉以六而復即。

一、圓教的理即

原文

理即佛者，不思議理性也。如來之藏，不變隨緣，隨緣不變；隨拈一法，無非法界，心、佛、衆生，三無差別；在凡不減，在聖不增。

語譯

所謂圓教的理即佛，《摩訶止觀》卷一下，名六即佛爲六即菩提。理即便是不可思議的理性，一切衆生無不具足，就是尙未了知。其實那便是《起信論》所說的如來藏，亦即隨緣的眞如。此理性的眞如如來藏，隨緣之義，已在解釋別教章的理即項下，有所申論。彼處只說隨緣不變，圓教則更說不變隨緣，以表理性與事相，相融相即。由不可思議的理性來看，隨時所拈的任何一項法相，無非全體的一眞法界，所以如《華嚴經》說的一樣：即此現前一念心、與諸佛心、及一切衆生心，三者之間無有差別，現前一念的妄心即是不可思議的理性，諸佛之心即是不可思議的理性，一切衆生之心亦即是不可思議的理性，只是佛已圓悟此理性，衆生猶未悟得此理性。不過，無論迷悟，此理性是不會變動的，在凡夫位時不減分毫，到佛果位時不增分毫。

註釋

「如來之藏」：如來藏是印度大乘佛教思想的三大系之一，與中觀、唯識，同爲近代佛教學者之間所重視和探討的大主題，日本東京大學的高崎直道博士，是如來藏的專家，我國印順法師雖以中觀爲其立場，但亦撰有《勝鬘經講記》、《大乘起信論講記》及《如來藏之研究》等書，印老舉出如來藏的主要經典有《如來藏經》、《大涅槃經》、《大法鼓經》、《勝鬘經》、《無上依經》、《不增不減經》、《密嚴經》等十六種，主要的論典則有《寶性論》、《佛性論》、《大乘法界無差別論》等三種。聖嚴亦有一冊《自家寶藏——如來藏經語體譯釋》。

至於如來藏的意涵，《勝鬘經．法身章》說：「如來法身，不離煩惱藏，名如來藏。」這是以如來的法性身，稱爲如來藏。

《如來藏經》也說：「若佛出世，若不出世，一切衆生如來之藏，常住不變，但彼衆生，煩惱覆故。」並且舉了九個譬喻，強調「一切衆生，有如來藏。」所謂九喻是：1.未敷花內，無量化佛，結跏趺坐，2.蜜在巖中，3.粳米未離皮繪，4.眞金墮不淨處，5.貧家有珍寶藏，6.菴羅果內種子不壞，7.有人以弊物裹金像棄於曠野，8.貧賤醜女懷孕貴子，9.鑄師鑄造金像倒置地下，外雖焦黑，內像不變。

如前註所引用的《大般涅槃經》卷七，則將如來藏與佛性、如來藏與常樂我淨涅槃四德之我德，賦予相同的意涵說：「我者即是如來藏義，一切衆生悉有佛性，即是我義。如是我義，從本已來，常爲無量煩惱所覆，是故衆生不能得見。

善男子！如貧女人舍內，多有眞金之藏，家人大小，無有知者。時有異人，善知方便，語貧女人：我今雇汝，汝可爲我芸除草穢……是人即於其家掘出眞金之藏……衆生佛性亦復如是，一切衆生不能得見，如彼寶藏，貧女不知。」這段經文，非常重要，一切衆生悉有佛性的思想，即出於此，佛性即是如來之藏，佛性思想的影響力，更大於如來藏。在如來藏系的諸宗之間，一般大衆，都信有佛性，但尚不太明白如來藏的意涵。

在《勝鬘經》的〈空義隱覆眞實章〉中，說明如來藏有空與不空二種：「世尊！空如來藏，若離、若脫、若異一切煩惱藏。世尊！不空如來藏，過於恆沙，不離、不脫、不異、不思議佛法。」又於〈自性清淨章〉中說：「生死者，依如來藏；以如來藏故，說本際不可知。世尊，有如來藏故，說生死，是名善說。」又說：「如來藏者，是法界藏，法身藏，出世間上上藏，自性清淨藏。此自性清淨如來藏，而客塵煩惱、上煩惱所染，不思議如來境界。」又於〈法身章〉中說，如來藏有在纏與出纏的二種。

以此可知，《勝鬘經》所說的如來藏，有兩類不同性質的功能：空與不空，是跟理體及功德有關，如來藏的體性是空，如來藏的功德不空；空是空諸煩惱，不空是過於恆河沙數的不思議佛法。又說生死及法身，即依如來藏、即是如來藏，自性清淨而被生死所依；在纏如來藏即爲生死所依，出纏如來藏即是體性功德。此雖未說隨緣不變，不變隨緣，的確已經有了隨緣的意涵。故到《大乘起信論》中，便說眞如有「如實空、如實不空」的二義。若以《大乘起信論》的眞如如來藏與《勝鬘經》所說的如來藏對照，請見附圖十一（第三八八頁）。

天台宗屬於如來藏系統，唯於智者的撰述中，尚未引用《起信論》隨緣不變，不變隨緣的句法，到《十不二門指要鈔》，始見此句子，《教觀綱宗》則亦採用。

二、圓教的名字即

原文

名字即佛者，聞解也。了知一色一香無非中道，理具事造，兩重三千，同在一念。如一念一切諸念，亦復如是。如心法，一切佛法、及衆生法，亦復如是。

語譯

所謂圓教的名字即佛，是指聞解一切衆生皆有不思議的理性，因而了知如《摩訶止觀》卷一上所說：「繫緣法界，一念法界，一色一香無非中道，己界及佛界，衆生界亦然。」亦即了知，理具三千的性相及事造三千的性相，同在現前一念的妄心之中；一念如此，具足兩重三千，一切諸念，亦復如此，念念具足理具事造的兩重三千。現前一念的心法，是如此的具足理具事造兩重三千，一切諸佛之法以及一切衆生之法，亦復如是，同樣具足理具事造的兩重三千。若於聞佛說法，能作如此了解者，便得稱爲名字即佛。

註釋

「一色一香無非中道」：《教觀綱宗贅言》卷下云：「一色一香，文出大品。」這是說明，衆生的心法，即是中道實相的第一義諦，若能理解到一切衆生悉有佛性，便可領受個中的道理。

事實上心法如此，色法也是如此。在前面所說的三世間中，五陰世間及衆生世間，是色與心的結合體。國土世間，又名器世間的山河大地，包括一花一葉、一沙一塵，用眼根及鼻根接觸這個國土世間，便各各都是一色一香了。既然兩重三千，都在現前一念中，三世間也都在現前一念中，三世間的國土世間，當然也在現前一念中，國土世間的任何一物的一色一香，無不都在現前一念中。

既知現前一念即是理具事造兩重三千的中道第一義諦，一色一香當亦無一不是中道第一義諦了。

三、圓教的觀行即

原文

觀行即佛者，五品外凡位也。一隨喜，二讀誦，三講說，四兼行六度，五正行六度。圓伏五住煩惱，與別十信齊，而復大勝。

語譯

所謂圓教的觀行即佛，雖然是即佛，仍須修行，此在圓教是外凡的五品弟子位，是圓教八位的第一位。所謂五品，見於《法華經》卷五〈分別功德品〉，那便是：1.隨喜品，聞實相法，信解隨喜。2.讀誦品，更要讀誦《法華經》，以助觀解。3.講說品，又名說法品，說自內解，導利他人。4.兼行六度品，兼修六度，以助觀心。5.正行六度品，正行六度，自行化他，觀行轉勝。在此觀行即佛位中，便能圓伏五住煩惱，不伏而伏。此位是與別教的十信位齊，唯於別教的十信位中，僅伏見思二惑，與藏教的世第一位齊，圓教的五品弟子位，則能不伏而伏，圓伏五住煩惱，見思二惑僅是五住之中的前四住地，即是枝末煩惱，圓教五品弟子位的觀行位中，已能圓伏枝末煩惱，以及第五無明住地的根本煩惱，所以較之別教的十信位，殊勝得多了。

註釋

「五品外凡位」：亦名五品弟子位，即是圓教的觀行即佛位。天台宗所說的「即佛」，之所以要分爲六等，是在表明「即佛」並不等於不用修行就一步成佛，只是說每一個位次，都融通佛的位次，每一個位次的所修功德，都是成佛的功德。因此在《四教儀》的〈五品弟子〉位項下要說：「今雖然即佛，此是理即，亦是素法身，無其莊嚴，何關修證者也。我等愚輩，纔聞即空，便廢修行，不知即之所由。」《贅言》卷下引《止觀》卷一下云：「若但聞名口說，如蟲食木，偶得成字，是蟲不知是字非字，既不通達，寧是菩提？必須心觀明了，理慧相應，所行如所言，所言如所行，是名觀行即。」故其雖爲圓人已聞圓理，仍得從五品弟子位起修。

五品屬於外凡，圓教的行位，有六即、八位、凡聖之別，請見附圖十二（第三八八頁）。

六即中的理即佛，如金在鑛，如貧女懷孕貴子，尚未起用，亦未自知。名字即佛，則已聞得並且了知，心佛衆生三無差別，一色一香無非中道之理，唯其尚待解後起修。觀行即佛名爲五品弟子位，便是聞知圓理而起圓修隨喜、讀誦、講說、兼行六度、正行六度，因此圓伏五住煩惱，始得進入圓教八個行位的第一位。由於尙屬外凡，未及師位，故名五品弟子位。

四、圓教的相似即

原文

相似即佛者，十信內凡位也。

〔旭師自註云〕：名與別十信同，而義大異。

初信，任運先斷見惑，證位不退，與別初住、通見地、藏初果齊。二心至七心，任運斷思惑盡，與別七住、通已辦、藏四果齊，而復大勝，故永嘉云：「同除四住，此處為齊；若伏無明，三藏則劣也。」八心至十心，任運斷界內外塵沙，行四百由旬，證行不退，與別十向齊。

語譯

所謂圓教的相似即佛，《摩訶止觀》卷一下云：「逾觀逾明，逾止逾寂，如勤射隣的，名相似觀慧。」便是實大乘圓教的十信內凡位。別教的十信，是外凡位，圓教的十信是從別教的初住至十迴向的三十心，即是別教三賢位，包括習種性、性種性、道種性。故其內含與別教大異。何況別教的十信位，僅伏見思二惑，圓教的十信位，不唯已斷盡三界的見思二惑，也斷塵沙惑，並伏無明惑。

圓教初信位，任運自然，先斷見惑，證位不退，相當別教的初住位、通教第四見地，與藏教的初果齊。

從第二信位至第七信位，任運自然，斷盡思惑，即與別教第七住、通教第七已辦地、藏教四果齊。而以圓教界內，位位圓伏圓斷三惑，比起前面的三教，僅斷見思、習氣，未及塵沙、無明，所以圓教大勝藏、通、別的三教。

玄覺禪師的《永嘉集》所云：「同除四住」，即在圓教的十信位中，藏、通、別、圓的化法四教，便共同斷除五住地煩惱中的前四住地，尚有第五無明住地，要待到了圓教等覺位時斷除方盡。若以圓教圓伏無明惑而言，藏教四果、通教已辦地、別教七住，就遠遠不及圓教七信位了。

在圓教十信的第八信至第十信位，任運自然，斷除界內及界外的塵沙惑。以《法華經‧化城喻品》所說，行五百由旬到達藏寶處所而言，圓教十信位，已行四百由旬。證行不退，與別教的十迴向位齊。

註釋

1.「二心至七心」：依《教觀綱宗》所說，於此圓教十信位的第二心至第七心之間，斷盡思惑，故與別教的七住，通教的已辦地、藏教的四果阿羅漢位齊。若依關口眞大博士《校訂天台四教儀》附錄「四教行位斷證對照圖」所明，圓教第二信，是與別教的二住、通教的薄地、藏教的二果齊；乃至圓教的七信，是與別教的七住、通教的佛地、藏教的佛位齊。《教觀綱宗》所說通教的已辦地及藏教四果阿羅漢，是關口眞大所說與圓教的四信、別教的四住齊。此兩者以何爲正確，有待研究，可以檢索《法華玄義》卷四下至卷五上的〈位妙〉章。

2.「同除四住，此處爲齊」四句：此源出於《法華玄義》卷五上的〈位妙〉章中，原文爲：「若三藏佛位，斷見思盡，望六根清淨位，有齊有劣：同除四住，此處爲齊，若伏無明，三藏則劣。佛尚爲劣，二乘可知。」這是說，在三藏教的佛位，已斷盡見思二惑，若對圓教的菩薩而言，尚是相等於《法華經・法師功德品》所說的六根清淨位，也就是相似即佛位。以三藏教的佛，比起圓教十信內凡的相似即佛之間，雖有相齊之處，也有劣於圓教十信位之處。若就同除見思二惑，即是五住地煩惱之中的前四住地煩惱：見一處住地、欲愛住地、色愛住地、有愛住地，所以是相齊的；若就圓教在相似即佛的十信位中，已能圓伏第五住地的無明而言，三藏教的佛位，便劣於圓教的十信位了。何況藏教的佛位，僅與圓教的第七信位平齊；又何況二乘聲聞及辟支佛，更不及藏教的佛了。

既知《教觀綱宗》此處所用的「同除四住，此處爲齊，若伏無明，三藏則劣」四句話，原來見於智顗的《法華玄義》，爲何旭師要說：「永嘉云」呢？這裡面有一則歷史故事：據《四教儀集註》的傳說，在唐末五代之際，天台學的文獻已經湮沒，因南唐王錢弘俶，讀玄覺禪師的《永嘉集》，至此四句，不解其義，便問天台德韶國師，師指示此爲天台學中用語，應當去問螺溪義寂法師，義寂便奏聞於錢氏說，海東的高麗盛行天台學，遂派人前往高麗求取，即得彼邦的諦觀法師，攜帶著天台教部來華，並且留下了一部千古不朽的名著《天台四教儀》。

也許是由於在《永嘉集》中用了「同除四住」等四句話，帶來了天台學在中國復興的機運；同時也暗示禪宗六祖的傳人玄覺禪師既引用天台教觀，後世禪宗人士，豈可拒絕天台而云宗門不談教家事呢？所以旭師也就用了「永嘉云」而未說「妙玄云」了。此四句話，見於《永嘉集》的〈三乘漸次第七〉章，內容幾乎與《法華玄義》完全一致，僅有數字出入而已，因其於中國天台學的弘傳史上，居有關鍵性的地位，特此抄錄下來：「然三藏之佛，望六根清淨位，有齊有劣；同除四住，此處爲齊，若伏無明，三藏則劣。佛尚爲劣，二乘可知。」比起《法華玄義》的原文，只有「若三藏佛位，斷見思盡」之二句有點不同而已。

有關「同除四住，此處爲齊」，請見附圖十三（第三八九頁）。

五、圓教的分證即

原文

分證即佛者，十住、十行、十向、十地、等覺聖位也。

〔旭師自註云〕：名亦同別，而義大異。

初住斷一分無明，證一分三德。

〔旭師自註云〕：正因理心發，名法身德；了因慧心發，名般若德；緣因善心發，名解脫德。

一心三觀，任運現前，具佛五眼，成一心三智，行五百由旬，初到寶所，初居實報淨土，亦復分證常寂光淨土。證念不退，無功用道。現身百界，八相作佛，與別初地齊。

二住至十住，與別十地齊；初行與別等覺齊；二行與別妙覺齊；三行已去，所有智斷，別教之人，不知名字。

語譯

所謂圓教的分證即佛，其範圍含有十住、十行、十迴向、十地、等覺，一共四十一個位次，名稱雖與別教的相同，意涵的內容則截然不同。

圓教的初住位，已與別教的初地齊，斷一分無明，見一分佛性，初開寶藏而顯眞如，證一分涅槃的三德，因爲法身、般若、解脫，各具常、樂、我、淨，所以名之爲三德。在往昔名爲正因佛性，至今初發心住時，理心開發，即成法身德；在昔名爲了因佛性，至今初發心住時，慧心開發，即成般若德；在昔名爲緣因佛性，至此初發心住時，善心開發，即成解脫德。

至初住時，得無功用心；一心三觀，任運現前。因與別教初地齊，所以也具足佛的五眼。三智一心中得，故成一心三智。行五百由旬，初到藏寶之所，初證一分三德之故。初居實報莊嚴淨土，亦復分證常寂光淨土。證念不退，證無功用道，現身百界，八相作佛。

圓教二住至十住，與別教十地齊；圓教初行與別教等覺齊；圓教二行與別教妙覺齊；圓教三行以上，所有的觀智及斷惑，對於別教之人來說，他們便不知其名字了。

註釋

1.「一心三智」：三智即是：⑴一切智，是知一切法之總相的聲聞智及緣覺智。⑵道種智，是知一切法之種種差別道法的菩薩智。⑶一切種智，是通達一切諸法的總相、別相、化道、斷惑的圓明佛智。原出於《大品般若經》卷一所說的菩薩摩訶薩習行般若波羅蜜，具足聲聞緣覺菩薩之三智，《大智度論》卷二十七云：「一切智是聲聞辟支佛事，道智是諸菩薩事，一切種智是佛事。」

天台家將此三智，配以空假中三諦的觀智，既有一心三觀，便有一心三智。如《摩訶止觀》卷三上及《法華玄義》卷三下，智顗依三觀義，立三智為兩種：⑴別相三智，就別教菩薩而言，觀因緣假，修別相三觀，次第成就一切智、道種智，乃至修中道觀，見佛性，成一切種智。⑵一心三智，就圓教菩薩而言，融三諦一境，即三觀一心，故所發三智，亦於一心中證得。

2.「無功用道」：天台的圓教初住位，即得無功用道，與別教初地齊，已斷一分（品）無明，已居實報淨土故。依據《佛性論》卷四則說：「前七地已還，故無相，無功用道者，即八地以上；無相者，即眞如境；無功用者，即自然昇進道。」八地說出無功用，八地以前之菩薩，於眞如境未得自在故，八地以上則以純無漏道任運續起故。至於無功用的意思，據梁譯《攝大乘論釋》卷十四云：「作意名功用，緣三世起，謂我已作、正作、當作。離如此作意，名無功用。」

六、圓教的究竟即

原文

究竟即佛者，妙覺極果，斷四十二品微細無明永盡，究竟登涅槃山頂，以虛空為座，成清淨法身。

〔旭師自註云〕：一一相好，等真法界。

居上上品常寂光淨土，亦名上上品實報無障礙淨土。性修不二，理事平等。

語譯

所謂圓教的究竟即佛，《觀無量壽佛經疏》云：「究竟佛者……唯佛與佛乃能究盡諸法實相，邊際智滿。」便是無上士的妙覺佛果位，已斷盡四十二品微細無明，究竟登上了涅槃山頂。以虛空爲寶座，已成清淨法身，法身無身，以遍在遍不在的一眞法界爲身，故其一一相好，也等同一眞法界。居住於上上品的常寂光淨土，亦名上上品實報無障礙淨土。性德與修德，圓融不二，理具與事造，平等無差別。

註釋

1.「涅槃山頂」：對於渡過兩種生死之河，稱爲登上涅槃山頂，《涅槃經》卷十九有：「佛日將沒大涅槃山」之句。《千手千眼觀世音菩薩大悲心陀羅尼經》有云：「南無大悲觀世音，願我早登涅槃山」的願文。由於藏、通、別、圓的四種佛果位，皆有涅槃之名，而層次卻有不同。三藏教的劣應身佛，是證灰身泯智的偏眞涅槃；通教的帶劣勝應身佛，是證眞諦涅槃；別教的圓滿報身佛，是證的無住涅槃；唯圓教的清淨法身佛，是圓證三德涅槃，故被形容爲「登涅槃山頂」。

2.「三身」：佛有三種身，居四種淨土，這雖是一般的常識，但在各經論中，亦各有不同的表達方式。

所謂佛的三身，即是法身 Dharma-kāya，報身 Saṃbhoga-kāya，應身 Nirmāṇa-kāya，又被稱爲法身佛、報身佛、化身佛，法佛、報佛、應化佛，眞身、報身、應身，自性身、滿資用身、化身，正法佛、修成佛、應化佛，或名佛所見身、菩薩所見身，二乘及凡夫所見身等。

重要的依據，試舉四例：

(1)《十地經論》卷三云：「一切佛者有三種佛：一應身佛，二報身佛，三法身佛。」

(2)《金剛般若波羅蜜經論》卷上云：「佛有三種：一者法身佛，二者報佛，三者化佛，又釋迦牟尼名爲佛者，此是化佛。」

(3)梁譯《攝大乘論》卷下有云：「由佛三身，應知智差別：一自性身，二受用身，三變化身。此中自性身者，是諸如來法身，於一切法，自在依止故；受用身者，諸佛種種土，及大人集轉依止所顯現，此以法身爲依止，諸佛土清淨大乘法，受樂受用因故；變化身者，以法身爲依止，從住兜率陀天及退，受生、受學、受欲塵、出家往外道所修苦行、得無上菩提、轉法輪、大般涅槃等，事所顯現故。」並說法身有五相：①轉依爲相，②白淨法爲相，③無二爲相，④常住爲相，⑤不可思議爲相。

(4)吉藏的《法華玄論》卷九則云：「今依法華論（妙法蓮華經優婆提舍），具明三身，可有三義：一者法身，無始終，即是無三世義。二者修因得果，以爲報佛，此有始無終義；以修因滿，初證法身，故名爲始，證法身已後，無復生滅，所以無終。三化身，有始有終，就化身中，自開二身：化菩薩，名舍那，如化千世界麻數菩薩，無凡夫二乘等衆是也；次化二乘，名釋迦，如生王宮、伽耶成佛是也。」又云：「從初證法身已來，垂迹化物，竟王宮之前，名過去世；託生王宮，乃至雙林滅度，謂現在世；自爾已後，爲未來世。此皆是迹身有三世，本身無三世義由來。」

由以上所舉資料可知，對於法身的定義，頗爲一致，對報身及化身的解釋，即有異義。有說地上菩薩所見的是報身佛，二乘及凡夫所見的是應化身佛。有說報身是依止法身，又被大人集轉依止，是受樂受用身，在人間八相成道的是變化身。又有人說，化身是迹身，法身是本身，報身及變化身皆依止法身，而化身又開出教化菩薩的佛身及教化二乘凡夫的佛身；此則與報身爲初地以上菩薩所見者，看法有出入。

至於天台宗的三身說，依《教觀綱宗》所示，是以三身配四教而顯現出來的，已如通教究竟即項下的註1.（第二三九頁）中略述，今再列舉如下：

⑴三藏教，成劣應身，在木菩提樹下，以生草爲座。爲度三乘根性的人。

⑵通教，成帶劣勝應身，在七寶菩提樹下，以天衣爲座。爲度三乘根性的人。

⑶別教，成圓滿報身，在蓮華藏世界的七寶菩提樹下，以大寶華王爲座，爲度界外鈍根菩薩。

⑷圓教，成清淨法身，居上上品常寂光淨土，又名上上品實報無障礙淨土，性修不二，理事平等，爲度界外利根菩薩。

此中的藏通二教，都是應化身，唯其藏教的稱爲劣應身，通教的稱爲帶劣勝應身，亦名勝應身。法身即是自性身，本來無定相，亦無指方立向的淨土，所以稱爲常寂光淨土；可是圓教也要度界外利根菩薩，所以又將法身所居者，另名上上品實報無障礙淨土。

依據關口眞大《四教儀》附錄的第十六圖表所示，法身佛唯屬圓教，報身佛爲通教及別教得見；報身佛又分爲自受用及他受用的二部分，他受用身即是勝應身，乃爲通、別、圓三教所共見。圓人所見者，不是法身，仍屬報身。這似乎就解決了法報二身不分的困難。

3.「四土」：四土即四種淨土，主要是天台智顗的分類法。而在經中所見，淨土原爲大乘佛法的共識。《大智度論》卷九十三說，阿羅漢人，既盡三界有漏，故不復生三界，出過三界，即生淨土。淨影寺慧遠撰的《大乘義章》卷十九，舉出許多從經中所見淨土的異名，例如佛地、佛界、佛國，佛土、淨刹、淨界、淨國、淨土等。最有代表性的經典則有《彌陀三部經》、《阿閦佛國經》、《維摩經》的〈佛國品〉等。

天台智顗所撰的《觀無量壽佛經疏》及智顗說、湛然所節略的《維摩經略疏》卷一，深入的討論淨土，並將經論中所說的淨土思想，整合而組織成爲四種淨土。《觀無量壽佛經疏》說：「四種淨土，謂凡聖同居土、方便有餘土、實報無障礙土、常寂光土也。」又於《維摩經略疏》卷一中說：「明佛國者，諸佛利物，差別之相，無量無邊，今略為四：一染淨國，凡聖共居；二有餘，方便人住；三果報，純法身居……；四常寂光，即妙覺所居也。」

其中的凡聖同居土，是凡夫及聖人共居的界內土，而此又有凡居及聖居之二種。凡居亦有四惡趣眾生所居土及人天善趣所居土之別。聖居亦有實聖和權聖之二種，實聖是聲聞的第四果、辟支佛、通教第六地以上、別教第十住地以上所居，此等之人，既斷界內見思二惑，猶有果報身在，故仍住於界內。權聖是方便有餘土的三乘人，以及法身的菩薩、妙覺的如來，為利益有緣眾生，生此界內。

方便有餘土中也分淨土及穢土，淨土如阿彌陀佛的西方安養世界，穢土如我們所居的這個娑婆世界。為何名為方便土或名有餘土？因為是阿羅漢、辟支佛、地前之菩薩所居土，這些人由於是修方便道，而斷除四住地煩惱，故名方便土，又以這些人雖捨分段生死而受法性身，猶未捨離變易生死，故名其所居為有餘土。

吉藏的《大乘玄論》卷五，則繼智顗之後，將四種淨土的名稱加以修改：⑴凡聖同住土，例如當來彌勒下生人間成佛時的此界，以及現今阿彌陀佛正在說法的西方淨土。⑵大小同住土，羅漢、辟支佛、大力菩薩，捨三界分段生死，生界外淨土。⑶獨菩薩所住土，菩薩道已過二乘，所居之土自亦不同，如《維摩經》中的香積世界，已無二乘之名。⑷諸佛獨居土，如《仁王般若經》卷上所說的「三賢十聖住果報，唯佛一人居淨土」。

現將《教觀綱宗》所示的天台宗四種淨土介紹一下。藏教的劣應身佛，居凡聖同居之穢土；通教的帶劣（勝）應身佛，居凡聖同居的淨土、亦居二乘三賢等所見的方便有餘土；別教及圓教的圓滿報身佛，他受用身居於實報無障礙土，自受用身居於常寂光土；清淨法身佛則獨居常寂光淨土。

有關三身四土，請見附圖十四（第三九〇頁）。

七、圓教的修證果位

原文

此教名最上佛法，亦名無分別法，以界外滅諦為初門，當體即佛，而能接別、接通。接別者，上根十住被接，中根十行被接，下根十向被接。按位接，即成十信；勝進接，即登初住。接通已如通教中說。故曰：別教接賢不接聖，通教接聖不接賢。以別登地，乃名為聖，證道同圓，不復論接。通八人上，便名為聖，方可受接，若乾慧、性地二賢，僅可稱轉入別圓，未得名接。若藏教，未入聖位，容有轉入通、別、圓義，已入聖後，保果不前，永無接義，直俟法華，方得會入圓耳。

語譯

此圓教，又名爲最上的佛法，亦名無分別法。於四種四諦中，詮無作四諦，故以界外滅諦爲初門，所以是當體即佛，而能接別教之人入圓教，接通教之人入圓教。

所謂接別教，上根之人於別教的十住位被圓教所接入，中根之人於別教的十行位被圓教所接入，下根之人要到別教的十迴向位始被圓教所接入。

如果是按位接，即成圓教的十信位；若是勝進接，即登圓教的初住位。

圓教接通教，已於通教章中說過了。

至於「別教接賢不接聖，通教接聖不接賢」這是說，圓教只接別教的賢位人不接別教的聖位人，圓教只接通教的聖位人不接通教的賢位人。

因爲別教之人登了初地已名爲聖，證道雖僅同於圓教的初住，已能斷除一品無明，所以不必用圓教來接了。通教在三乘共十地中的第三八人地以上，已斷三界見惑，已名爲聖，證聲聞初果，方夠資格被圓教所接，比之於別教，只是初住，仍屬三賢位的開始；三乘共十地的初乾慧地、二性地，是通教的二賢位，僅可稱爲轉入別教及圓教，不得名爲被接入別教和圓教。

至於藏教之人，未入聖位者，容或也有轉入通、別、圓三教之義；唯其既入二乘的聖位之後，就會永遠保守著已得的二乘聖果，不想再向大乘的菩薩位前進，所以也沒有被接之義了。這些人要等待到了法華會上，還有機會，會三乘歸一乘，而進入圓教。

通教被接入別圓二教，別教被接入圓教。請見附圖十五及十六（第三九一、三九二頁）。

註釋

「接」、「轉」、「會」：圓教與通、別二教之間的關係，端在於修證行位的後後接入前前，唯有藏教不被別教及圓教所接入，亦容有藏教之人轉入別圓二教，到了說《法華經》的大會中，前面三教，才可能一併會入圓教。

八、圓教的十法成乘

原文

十法成乘者，一觀不思議境。二眞正發菩提心。三善巧安心止觀。四以圓三觀破三惑遍。五善識通塞。六調適無作道品、七科三十七分。七以藏通別等事相法門，助開圓理。八知次位，令不生增上慢。九能安忍，策進五品而入十信。十離法愛，策於十信，令入十住，乃至等妙。

〔旭師自註云〕：

(1)觀不思議境：其車高廣。

(2)真正發菩提心：又於其上，張設幰蓋。

(3)善巧安心止觀：車內安置丹枕。

(4)以圓三觀破三惑遍：其疾如風。

(5)善識通塞：車外枕亦作軫。

(6)調適無作道品，七科三十七分：有大白牛，肥壯多力等。

(7)助開圓理：又多僕從，而侍衛之。

(8)策於十信，令入十住，乃至等妙：乘是寶乘，遊於四方，直至道場。

上根觀境，即於境中，具足十法；中根從二，展轉至六，隨一一中，得具十法；下根須具用十也。

又復應知，說前三教，為防偏曲，文意所歸，正歸於此。

語譯

聖嚴識：前面的藏、通、別三教，雖亦明述十乘觀法，而《摩訶止觀》所說十法成乘，文意正在此圓教。此請參閱前三教各章的十法成乘原文及註釋所明。德義的《教觀綱宗贅言》卷下云：《教觀綱宗》所明四教的十乘觀法，但略點示，未具明其行相，行門始末，廣在《摩訶止觀》。學者們若能善讀《摩訶止觀》，而看此十法文字，則大有補益於下手修證了。

所謂圓教的十法成乘：

1. 觀不思議境，如《法華經・譬喻品》所說的「其車高廣」，《法華文句》卷五下云：「譬如來知見深遠，橫周法界之邊際，豎徹三諦之源底」。

2.眞正發菩提心，如《法華經・譬喻品》所說的「又於其上，張設幰蓋」，《法華文句》卷五下釋云：「譬四無量，衆德之中，慈悲最高，普覆一切也。」

3.善巧安心止觀，如《法華經・譬喻品》所說的車內「安置丹枕」，《法華文句》卷五下釋云：「譬一行三昧，息一切智、一切行也」，丹喻無分別法也。

4.以圓三觀，破三惑遍，如《法華經・譬喻品》云「其疾如風」。《法華文句》卷五下釋云：「八正道中行，速疾到薩婆若（一切智）」。

5.善識通塞，如「車外枕，亦作軫」，此非經文，《法華文句》卷五云：「車若駕運，隨所到處，須此支昂，譬即動而靜，即靜而動。」喻爲若塞須破，若通須護，但除其病，不除其法。

6.調適無作道品，有七科計三十七菩提分。如〈譬喻品〉云「有大白牛，肥壯多力等」，原經文是「駕以白牛，膚色充潔，形體姝好，有大筋力，行步平正」。《四教儀集註》云，此喻以實相爲車體，道品爲白牛作前導。也就是以無作道品，牽引不思議觀境之車。

7.對治助開，以藏、通、別等三教的事相法門，助開圓理，如〈譬喻品〉云：

「又多僕從，而侍衛之」，《法華文句》卷五下釋云：「譬方便波羅蜜，能屈曲隨人，給侍使令，（乃至）衆魔外道、二乘小行，皆隨方便智用。」《四教儀》則云「若正道多障，圓理不開，須修事助，謂五停心及六度等。」

8.知次位，《四教儀》云：「謂修行之人，免增上慢故。」旭師的《釋義》第三十九條有云：「倘不知次位，起增上慢，以凡濫聖，招過不輕，故須深自簡察，爲究竟耶？爲分證耶？爲相似耶？抑亦僅僅小輕安耶？既知次位，不起增上慢。」

9.能安忍，《釋義》三十九條云：「有強軟諸魔惱亂眞修，須加安忍不動不退，策進五品（弟子位）而階十信。」

10.離法愛，《釋義》云：既階十信，六根清淨，得順道法，易生法愛，須離法愛，而入分眞的十住，乃至等覺、妙覺。猶如《法華經・譬喩品》的偈頌云「乘是寶車，遊於四方，……直至道場。」經文原句是「乘此寶乘，直至道場，以是因緣，十方諦求，更無餘乘，除佛方便。」遊四方之句，乃是出於《四教儀》，意謂遊四十個位次。《釋義》云：在六根清淨的十信位之後，即入分眞即佛位，

「入分眞已，分得大理、大誓願、大莊嚴、大智斷、大偏知、大道、大用、大權實、大利益、大無住。」

以上圓教的十乘觀法，若是上根人，觀第一不思議境，即於此一境中，具足了十乘觀法的全部。若是中根人，須從第二眞正發菩提心，展轉次第經歷，至第六調適道品，始能隨其任何一法，皆得全部的十法。若是下根人，須得次第具足使用十法。請見附圖十七（第三九三頁）

並且亦當知道：前面的藏、通、別三教，雖亦各明十乘觀，那是爲了防止偏曲，至於眞正的文意指歸，實歸於此圓教。四教行位斷證對照，請見附圖十八（第三九四頁）。

西元二〇〇一年六月二十八日聖嚴成稿於紐約象岡道場

附錄一

教觀綱宗

•說明：

1.本附錄係聖嚴法師重分章節及重新標點。

2.內文細體小字為原著智旭大師自註。

教觀綱宗

明・蕅益智旭

五時八教

一、何謂八教

佛祖之要，教觀而已矣。觀非教不正，教非觀不傳；有教無觀則罔，有觀無教則殆。然統論時教，大綱有八，依教設觀，數亦略同。

八教者，一頓、二漸、三祕密、四不定，名為化儀四教，如世藥方；五三藏、六通、七別、八圓，名為化法四教，如世藥味。

當知頓等所用，總不出藏等四味。藏以析空為觀，通以體空為觀，別以次第為觀，圓以一心為觀。四觀各用十法成乘，能運行人，至涅槃地；藏、通二種教觀，運至真諦涅槃，別、圓二種教觀，運至中諦大般涅槃。

藏、通、別三，皆名為權，唯圓教觀，乃名真實。就圓觀中，復有三類：一頓、二漸、三不定也。為實施權，則權含于實；開權顯實，則實融于權。良由衆生根性不一，致使如來巧說不同。

二、何謂五時

且約一代，略判五時：一華嚴時，正說圓教，兼說別教，約化儀名頓。二阿含時，但說三藏教，約化儀名漸初。三方等時，對三藏教半字生滅門，說通別圓教滿字不生不滅門，約化儀名漸中。四般若時，帶通別二權理，正說圓教實理，約化儀名漸後。五法華涅槃時，法華開三藏通別之權，唯顯圓教之實，深明如來設教之始終，具發如來本迹之廣遠，約化儀名會漸歸頓，亦名非頓非漸。

涅槃重為未入實者，廣談常住；又為末世根鈍，重扶三權。是以追說四教，追泯四教。約化儀亦名非頓非漸，而祕密、不定，二種化儀，遍於前之四時。唯法華是顯露，故非祕密，是決定，故非不定。

然此五時，有別有通，故須以別定通、攝通入別，方使教觀，咸悉不濫。今先示五時八教圖，次申通別五時論。

通別五時論

一、認識五時的通別

法華玄義云：夫五味半滿，論別，別有齊限，論通，通於初後。章安尊者云：人言第二時，十二年中說三乘別教，若爾，過十二年，有宜聞四諦、十二因緣、六度，豈可不說？若說，則三乘不止在十二年中，若不說，則一段在後宜聞者，佛豈可不化也。定無此理！經言：為聲聞說四諦，乃至說六度。不止十二年。蓋一代中，隨宜聞者，即說耳。如四阿含、五部律，是為聲聞說，乃訖於聖滅，即是其事。何得言小乘悉十二年中也。人言第三時三十年中說空宗般若、維摩、思益，依何經文知三十年也？大智度論云：須菩提於法華中，聞說舉手低頭，皆得作佛，是以今問退義，若爾，大品與法華，前後何定也。

論曰：智者、章安，明文若此，今人絕不寓目，尚自訛傳「阿含十二方等八」之妄說，為害甚大，故先申通論，次申別論。

二、何謂通五時

先明通五時者：自有一類大機，即於此土，見華藏界，舍那身土，常住不滅，則華嚴通後際也；只今華嚴入法界品，亦斷不在三七日中。復有一類小機，始從鹿苑，終至鶴林，唯聞阿含、毘尼、對法，則三藏通於前後明矣。章安如此破斥，癡人何尚執迷！復有一類小機，宜聞彈斥褒歎，而生恥慕，佛即為說方等法門，豈得局在十二年後，僅八年中！且如方等陀羅尼經，說在法華經後，則方等亦通前後明矣。復有三乘，須歷色心等世出世法，一一會歸摩訶衍道，佛即為說般若，故云：從初得道乃至泥洹，於其中間，常說般若，則般若亦通前後明矣。復有根熟眾生，佛即為其開權顯實，開迹顯本，決無留待四十年後之理，但佛以神力，令根未熟者不聞，故智者大師云：「法華約顯露邊，不見在前，祕密邊論，理無障礙。」且如經云：「我昔從佛，聞如是法，見諸菩薩，授記作佛。」如是法者，豈非妙法？又梵網經云：「吾今來此世界八千返，坐金剛華光王座」等，豈非亦是開迹顯本耶？復有衆生，應見涅槃而得度者，佛即示入涅槃，故曰：「八相之中，各具八相，不可思議。」且大般涅槃經，追敘阿闍世王懺悔等緣，並非一日一夜中事也。

三、何謂別五時

次明別五時者，乃約一類最鈍聲聞，具經五番陶鑄，方得入實。所謂初於華嚴，不見不聞，全生如乳。華嚴前八會中，永無聲聞，故云不見不聞。至第九會入法界品，在祇園中，方有聲聞，爾時已證聖果，尚於菩薩境界，如啞如聾。驗知爾前縱聞華嚴，亦決無益。然舍利弗等，由聞藏教，方證聖果，方預入法界會，則知入法界品，斷不說在阿含前矣。人胡略不思察，妄謂華嚴局在三七日內耶？

次於阿含，聞因緣生滅法，轉凡成聖，如轉乳成酪。酪即熟乳漿也。

次聞方等，彈偏斥小，歎大褒圓，遂乃恥小慕大，自悲敗種。雖復具聞四教，然但密得通益，如轉酪成生酥。

次聞般若，會一切法，皆摩訶衍，轉教菩薩，領知一切佛法寶藏。雖帶通別，正明圓教，然但密得別益，如轉生酥成熟酥。

次聞法華，開權顯實，方得圓教實益。如轉熟酥而成醍醐。

然只此別五時法，亦不拘定年月日時，但隨所應聞，即便得聞。如來說法，神力自在，一音異解，豈容思議？又有根稍利者，不必具歷五味，或但經四番、三番、二番陶鑄，便得入實。若於阿含、方等、般若，隨一悟入者，即是祕密、不定二種化儀所攝。復有衆生，未堪聞法華者，或自甘退席，或移置他方，此則更待涅槃捃拾，或待滅後餘佛，事非一概。熟玩法華玄義、文句，群疑自釋。

化儀四教說

一、頓教

頓有二義：一頓教部，謂初成道，為大根人之所頓說，唯局華嚴。凡一代中，直說界外大法，不與三乘共者，如梵網、圓覺等經，並宜收入此部，是謂以別定通，攝通入別也。

二頓教相，謂初發心時，便成正覺，及性修不二、生佛體同等義，則方等、般若諸經，悉皆有之。

二、漸教

漸亦二義：一漸教部，謂帷局阿含為漸初。凡一代中，所說生滅四諦、十二緣生、事六度等，三乘權法，並宜收入此部。方等為漸中。凡一代中，所說彈偏斥小、歎大褒圓等經，及餘四時所不攝者，並宜攝入此部，如增上緣，名義寬故。般若為漸後。凡一代中，所說若共不共，諸般若教，並宜攝入此部。

二漸教相，謂歷劫修行，斷惑證位次第，則華嚴亦復有之；法華會漸歸頓，不同華嚴初說，故非頓。不同阿含、方等、般若，隔歷未融，故非漸，然仍雙照頓漸兩相。

三、祕密教

祕密亦有二義：一祕密教，謂於前四時中，或為彼人說頓，為此人說漸等，彼此互不相知，各自得益。法華正直捨方便，但說無上道，故非祕密。

二祕密咒，謂一切陀羅尼章句，即五時教中，皆悉有之。

四、不定教

不定亦有二義：一不定教，謂於前四時中，或為彼人說頓，為此人說漸，彼此互知，各別得益；即是宜聞頓者聞頓，宜聞漸者聞漸也。法華決定說大乘，故非不定教相。二不定益，謂前四時中，或聞頓教得漸益，或聞漸教得頓益，即是以頓助漸、以漸助頓也。隨聞法華一句一偈，皆得受記作佛，故非不定益也。

五、化儀四教的教部教相

頓教部，止用圓別二種化法；漸教部，具用四種化法；顯露不定既遍四時，亦還用四種化法；祕密不定亦遍四時，亦還用四種化法。

頓教相，局帷在圓，通則前之三教，亦自各有頓義，如善來得阿羅漢等；漸教相，局在藏通別三，通則圓教亦有漸義，如觀行、相似、分證、究竟等。

祕密教，互不相知，故無可傳；祕密咒，約四悉檀，故有可傳。

不定教，不定益，並入前四時中，故無別部可指。

六、化儀四教的教觀

約化儀教，復立三觀。謂頓觀、漸觀、不定觀。蓋祕密教，既不可傳，故不可約之立觀；設欲立觀，亦止是頓、漸、不定，三法皆祕密耳。

今此三觀，名與教同，旨乃大異。何以言之？頓教指華嚴經，義則兼別；頓觀唯約圓人，初心便觀諸法實相，如摩訶止觀所明是也。漸教指阿含、方等、般若，義兼四教，復未開顯；漸觀亦唯約圓人，解雖已圓，行須次第，如釋禪波羅蜜法門所明是也。不定教指前四時，亦兼四教，仍未會合；不定觀，亦唯約圓人，解已先圓，隨於何行，或超或次，皆得悟入，如六妙門所明是也。此本在高麗國，神洲失傳。

問：但說圓頓止觀即足，何意復說漸及不定？

答：根性各別，若但說頓，收機不盡。

問：既稱漸及不定，何故惟約圓人？

答：圓人受法，無法不圓；又未開圓解，不應輒論修證，縱令修證，未免日劫相倍。

化法四教說

一、為何有化法四教

法尚無一，云何有四？乃如來利他妙智，因衆生病而設藥也，見思病重，為說三藏教，見思病輕，為說通教，無明病重，為說別教，無明病輕，為說圓教。

二、三藏教

三藏教，四阿含為經藏，毘尼為律藏，阿毘曇為論藏。此教詮生滅四諦，苦則生、異、滅三相遷移，集則貪、瞋、癡、等分，四心流動，道則對治易奪，滅則滅有還無。亦詮思議生滅十二因緣，無明緣行、行緣識、識緣名色、名色緣六入、六入緣觸、觸緣受、受緣愛、愛緣取、取緣有、有緣生、生緣老死憂悲苦惱。無明滅則行滅、行滅則識滅、識滅則名色滅、名色滅則六入滅、六入滅則觸滅、觸滅則受滅、受滅則愛滅、愛滅則取滅、取滅則有滅、有滅則生滅、生滅則老死憂悲苦惱滅。亦詮事六度行，布施、持戒、忍辱、精進、禪定、智慧。亦詮實有二諦。陰、入、界等實法為俗，實有滅乃為真。開示界內鈍根眾生，令修析空觀，觀於地、水、火、風、空、識六界，無我我所。出分段生死，證偏真涅槃。正化二乘，傍化菩薩。

三、三藏教的六即及其修證

亦得約當教，自論六即。

（一）藏教的理即

理即者，偏真也。諸行無常，是生滅法，生滅滅已，寂滅為樂。因滅會真，滅非真諦，滅尚非真，況苦、集、道，真諦在因果事相之外。故依衍教，判曰偏真。

（二）藏教的名字即

名字即者，學名字也。知一切法，從因緣生，不從時、方、梵天、極微、四大等生，亦非無因緣自然而生。知因緣所生法，皆悉無常無我。

（三）藏教的觀行即

觀行即者，一五停心，二別相念，三總相念，外凡資糧位也。五停心者，一多貪眾生不淨觀，二多瞋眾生慈悲觀，三多散眾生數息觀，四愚癡眾生因緣觀，五多障眾生念佛觀。以此五法為方便，調停其心，令堪修念處，故名停心也。別相念者，一觀身不淨，二觀受是苦，三觀心無常，四觀法無我；對治依於五蘊所起四倒也。總相念者，觀身不淨，受、心、法，亦皆不淨；觀受是苦，心、法、身，亦皆苦；觀心無常，法、身、受，亦皆無常；觀法無我，身、受、心，亦皆無我也。

（四）藏教的相似即

相似即者，内凡加行位也，一煖，二頂，三忍，四世第一。得色界有漏善根，能入見道。

（五）藏教的分證即

分證即者，前三果有學位也。初須陀洹果，此云預流，用八忍八智，頓斷三界見惑，初預聖流，名見道位。二斯陀含果，此云一來，斷欲界六品思惑，餘三品在，猶潤一生。三阿那含果，此云不還，斷欲界思惑盡，進斷上八地思，不復還來欲界，此二名修道位。

（六）藏教的究竟即

究竟即者，三乘無學位也。一小乘第四阿羅漢果，此含三義：一殺賊，二應供，三無生。斷三界見思俱盡，子縛已斷，果縛尚存，名有餘涅槃；若灰身泯智，名無餘涅槃。二中乘辟支佛果，此人根性稍利，逆順觀察十二因緣，斷見思惑，與羅漢同，更侵習氣，故居聲聞上。

三大乘佛果，此人根性大利，從初發心，緣四諦境，發四弘誓，即名菩薩，修行六度。初阿僧祇劫，事行雖強，理觀尚弱，準望聲聞，在外凡位。第二阿僧祇劫，諦解漸明，在煖位。第三阿僧祇劫，諦解轉明，在頂位。六度既滿，更住百劫，修相好因，在下忍位。次入補處，生兜率天，乃至入胎、出胎、出家、降魔、安坐不動時，是中忍位。次一剎那，入上忍。次一剎那，入世第一，發眞無漏三十四心，頓斷見思，正習無餘；坐木菩提樹下，以生草為座，成劣應身，如釋迦丈六，彌勒十六丈等受梵王請，三轉法輪，度三根性；緣盡入滅，與阿羅漢、辟支佛，究竟同證偏眞法性，無復身智依正可得。

（七）藏教的修證果位

此教具三乘法：聲聞觀四諦，以苦諦為初門，最利者三生，最鈍者六十劫，得證四果。辟支觀十二因緣，以集諦為初門，最利者四生，最鈍者百劫，不立分果，出有佛世名緣覺，出無佛世名獨覺。菩薩弘誓六度，以道諦為初門，伏惑利生，必經三大阿僧祇劫，頓悟成佛。然此三人，修行證果雖則不同，而同斷見思，同出三界，同證偏眞，只行三百由旬，入化城耳。

（八）藏教的十法成乘

十法成乘者：一觀正因緣境，破邪因緣、無因緣二種顚倒。二眞正發心，不要名利，帷求涅槃。二乘志出苦輪，菩薩兼憫一切。三遵修止觀，謂五停名止，四念名觀。四遍破見愛煩惱。五識道滅、還滅、六度，是通，苦集流轉六蔽，是塞。六調適三十七品，入三脫門。七若根鈍不入，應修對治事禪等。八正助合行，或有薄益，須識次位，凡聖不濫。九安忍內外諸障。十不於似道而生法愛。是為要意，利人節節得入，鈍者具十法方悟。

四、通教

通教，鈍根通前藏教，利根通後別圓，故名為通。又從當教得名，謂三人同以無言說道，體法入空，故名為通。此無別部，但方等、般若中，有明三乘共行者，即屬此教。詮無生四諦，苦無逼迫相，集無和合相，道不二相，滅無生相。亦詮思議不生滅十二因緣，癡如虛空，乃至老死如虛空；無明如幻化，不可得故，乃至老死如幻化不可得。亦詮理六度行，一一三輪體空。亦詮幻有空二諦，幻有為俗，幻有即空為真。亦詮兩種含中二諦，一者幻有為俗，幻有即空不空，共為真；是通含別二諦，故受別接。二者幻有為俗，幻有即空不空，一切法趣空不空為真；是通含圓二諦，故受圓接。亦詮別入通三諦，有漏是俗，無漏是真，非有漏非無漏是中。亦詮圓入通三諦。二諦同前，點非漏非無漏，具一切法，與前中異。開示界內利根眾生，令修體空觀，陰、界、入，皆如幻化，當體不可得。出分段生死，證眞諦涅槃。正化菩薩，傍化二乘。

五、通教的六即及其修證

亦於當教，自論六即。

（一）通教的理即

理即者，無生也。諸法不自生，亦不從他生，不共不無因，是故知無生。此四句推檢，通、別、圓三教，皆用作下手工夫。但先解不但中者，即成圓教初門；先聞但中理者，即成別教初門；未聞中道體者，止成通教法門。

解苦無苦而有真諦，苦尚即真，況集、滅、道。

（二）通教的名字即

名字即者，幻化也，知一切法，當體全空，非滅故空，生死涅槃，同於夢境。

（三）通教的觀行即

觀行即者，一乾慧地也。未有理水，故得此名。即三乘外凡位，與藏教五停、別相、總相念齊。

（四）通教的相似即

相似即者，二性地也，相似得法性理水，伏見思惑，即三乘內凡位，與藏教四加行齊。藏通指真諦為法性，與別圓不同。

（五）通教的分證即

分證即者，從八人地至菩薩地，有七位也。三八人地者，入無間三昧，八忍具足，智少一分。四見地者，八智具足，頓斷三界見惑，發眞無漏，見眞諦理，即三乘見道位，與藏須陀洹齊。五薄地者，三乘斷欲界六品思惑，煩惱漸薄，與藏斯陀含齊。六離欲地者，三乘斷欲界思惑盡，與藏阿那含齊。七已辦地者，三乘斷三界正使盡，如燒木成炭，與藏阿羅漢齊，聲聞乘人止此。八支佛地者，中乘根利，兼侵習氣，如燒木成灰，與藏辟支佛齊。九菩薩地者，大乘根性，最勝最利，斷盡正使，與二乘同，不住涅槃，扶習潤生，道觀雙流，遊戲神通，成熟衆生，淨佛國土。此與藏教菩薩不同，藏教為化二乘，假說菩薩，伏惑不斷，正被此教所破，豈有毒器堪貯醍醐？

（六）通教的究竟即

究竟即者，第十佛地也。機緣若熟，以一念相應慧，斷餘殘習，坐七寶菩提樹下，以天衣為座，現帶劣勝應身，分段生身故劣，如須彌山故勝。為三乘根性，轉無生四諦法輪，緣盡入滅。正習俱除，如劫火所燒，炭灰俱盡。與藏教佛果齊。

（七）通教的修證果位

此教亦具三乘根性，同以滅諦為初門，然鈍根二乘，但見於空，不見不空，仍與三藏同歸灰斷，故名通前；利根三乘，不但見空，兼見不空，不空即是中道，則被別圓來接，故名通後。

中道又分為二：一者但中，唯有理性，不具諸法，見但中者，接入別教。二者圓中，此理圓妙，具一切法，見圓中者，接入圓教。就此被接，又約三位：一者上根，八人、見地被接；二者中根，薄地、離欲地被接；三者下根，已辦地、支佛地被接。就此三位被接，又各有按位、勝進二義：若按位接，或同別十向，或同圓十信；若勝進接，或登別初地，或登圓初住；既被接已，實是別圓二教菩薩，於當教中，仍存第九菩薩地名，至機緣熟，示現成佛，乃是別地圓住，來示世間最高大身，非由通教教道得成佛也。通教尚無實成佛義，況藏教哉？藏教佛果，亦皆別地、圓住、所現劣應身耳。

（八）通教的十法成乘

十法成乘者，一明觀境，六道陰入，能觀所觀，皆如幻化。二明發心，二乘緣真自行，菩薩體幻兼人，與樂拔苦，譬於鏡像。三安心如空之止觀。四以幻化慧，破幻化見思。五雖知苦、集、流轉、六蔽等，皆如幻化，亦以幻化道滅，還滅六度等通之。六以不可得心，修三十七道品。七體三藏法，無常苦空，如幻而治，八識乾慧等如幻次位，而不謬濫。九安忍乾慧位，內外諸障，而入性地。十不著性地相似法愛，而入八人見地證真。利鈍分別如前說。

六、別教

別教，謂教、理、智、斷、行、位、因、果，教則獨被菩薩，理則隔歷三諦，智則三智次第，斷則三惑前後，行則五行差別，位則位不相收，因則一因迥出，不即二邊，果則一果，諸位差別。別前藏通二教，別後圓教，故名別也。此教詮無量四諦，苦有無量相，十法界不同故；集有無量相，五住煩惱不同故；道有無量相，恆沙佛法不同故；滅有無量相，諸波羅蜜不同故。亦詮不思議生滅十二因緣，枝末無明為分段生因，根本無明為變易生因。亦詮不思議六度十度，於第六般若中，復開方便、願、力、智四種權智，共成十度。一一度中，攝一切法、生一切法、成一切法，浩若恆沙。亦詮顯中二諦，幻有、幻有即空，皆名為俗；不有不空，為真。亦詮圓入別二諦，幻有、幻有即空，皆名為俗；不有不空、一切法趣不有不空，為真。亦詮別三諦，開俗為兩諦，對真為中，中理而已。亦詮圓入別三諦。二諦同前，點真中道，具足佛法。開示界外鈍根菩薩，令修次第三觀，先空、次假、後中。出分段變易二種生死，證中道無住涅槃。

七、別教的六即及其修證

亦於當教，自論六即。

(一)別教的理即

理即者，但中也。眞如法性，隨緣不變，在生死而不染，證涅槃而非淨，迥超二邊，不即諸法。故依圓教，判曰但中。

(二)別教的名字即

名字即者，解義也。仰信眞如法性，凡不能減，聖不能增，但由客塵覆蔽，而不證得，須先藉緣修，助發眞修，方可剋證。

(三)別教的觀行即

觀行即者，外凡十信位也。一信心、二念心、三精進心、四慧心、五定心、六不退心、七迴向心、八護法心、九戒心、十願心。既先仰信中道，且用生滅因緣觀，伏三界見思煩惱，故名伏忍，與通乾慧、性地齊。

(四)別教的相似即

相似即者，內凡三十心三賢位也。

初十住者，一發心住，斷三界見惑，與通見地齊。二治地住。三修行住。四生貴住。五方便具足住。六正心住。七不退住，斷三界思惑盡，與通已辦地齊。八童眞住。九法王子住。十灌頂住，斷界內塵沙，與通佛地齊。此十住名習種性，研習空觀。用從假入空觀，見眞諦，開慧眼，成一切智，行三百由旬，證位不退。

次十行者，一歡喜行。二饒益行。三無瞋恨行。四無盡行。五離癡亂行。六善現行。七無著行。八尊重行。九善法行。十眞實行。此十行名性種性，分別假性。用從空入假觀，遍學四教四門，斷界外塵沙，見俗諦，開法眼，成道種智。

次十迴向者，一救護衆生離衆生相迴向。二不壞迴向。三等一切佛迴向。四至一切處迴向。五無盡功德藏迴向。六隨順平等善根迴向。七隨順等觀一切衆生迴向。八眞如相迴向。九無縛解脫迴向。十法界無量迴向。此十向名道種性，中道能通。習中觀，伏無明，行四百由旬，居方便有餘土，證行不退。

（五）別教的分證即

分證即佛者，十地聖種性，證入聖地。及等覺性去佛一等也。初歡喜地，名見道位，以中道觀，見第一義諦，開佛眼，成一切種智，行五百由旬，初入實報無障礙土，初到寶所，證念不退，得無功用道，隨可化機緣，能百界作佛，八相成道，利益衆生。二離垢地。三發光地。四燄慧地。五難勝地。六現前地。七遠行地。八不動地。九善慧地。十法雲地。各斷一品無明，證一分中道。更破一品無明，入等覺位，亦名金剛心，亦名一生補處，亦名有上士。

(六)別教的究竟即

究竟即佛者，妙覺性也，妙極覺滿。從金剛後心，更破一品無明，入妙覺位，坐蓮華藏世界，七寶菩提樹下，大寶華王座，現圓滿報身，量同塵剎，相好剎塵。為鈍根菩薩，轉無量四諦法輪。

(七)別教的修證果位

此教名為獨菩薩法，以界外道諦為初門。藏通道諦，即界外集；藏通滅諦，即界外苦，故以界外道諦治之。

無復二乘而能接通。通教三乘，既被接後，皆名菩薩，不復名二乘也。

(八)別教的十法成乘

十法成乘者，一緣於登地中道之境，而為所觀，迥出空有之表。二真正發心，普為法界。三安心止觀，定愛慧策。四次第遍破三惑。五識次第三觀為通，見思、塵沙、無明為塞，傳傳檢校，是塞令通。六調適三十七道品，是菩薩寶炬陀羅尼，入三解脫門，證中無漏。七用前藏通法門，助開實相。八善知信、住、行、向、地、等、妙，七位差別，終不謂我叨極上聖。九離違順強軟二賊，策十信位，入於十住。十離相似法愛，策三十心，令入十地。

八、圓教

圓教，謂圓妙、三諦圓融，不可思議。圓融、三一相即，無有缺減。圓足、圓見事理，一念具足。圓頓，體非漸成。故名圓教。所謂圓伏、圓伏五住。圓信、圓常正信。圓斷、一斷一切斷。圓行、一行一切行。圓位、一位一切位。圓自在莊嚴、一心三諦為所莊嚴，一心三觀為能莊嚴。圓建立衆生。四悉普益。

此教詮無作四諦，陰入皆如，無苦可捨；無明塵勞即是菩提，無集可斷；邊邪皆中正，無道可修；生死即涅槃，無滅可證。亦詮不思議不生滅十二因緣，無明、愛、取，煩惱即是菩提，菩提通達，無復煩惱，即究竟淨了因佛性也。行、有，業即解脫，解脫自在緣因佛性也。識、名色、六入、觸、受、生、老死，苦即法身，法身無苦無樂是大樂，不生不死是常正因佛性也。故大經云十二因緣，名為佛性。亦詮稱性六度十度，施為法界，一切法趣施，是趣不過等。亦詮不思議二諦，幻有、幻有即空，皆為俗；一切法趣有趣空、趣不有不空，為真；真即是俗，俗即是真，如如意珠，珠以譬真，用以譬俗，即珠是用；即用是珠，不二而二，分真俗耳。亦詮圓妙三諦，非惟中道具足佛法，真俗亦然，三諦圓融，一三三一，如止觀說。開示界外利根菩薩，令修一心三觀，照性成修，稱性圓妙，不縱不橫，不前不後，亦不一時。圓超二種生死，圓證三德涅槃。

九、圓教的六即及其修證

正約此教，方論六即。前三雖約當教，各論六即，咸未究竟；以藏通極果，僅同此教相似即佛；別教妙覺，僅同此教分證即佛。又就彼當教，但有六義，未有即義，以未知心佛眾生三無差別故也。是故奪而言之，藏通極果、別十迴向，皆名理即，以未解圓中故；登地同圓，方成分證。

（一）圓教的理即

理即佛者，不思議理性也。如來之藏，不變隨緣，隨緣不變；隨拈一法，無非法界，心、佛、衆生，三無差別；在凡不減，在聖不增。

(二)圓教的名字即

名字即佛者，聞解也。了知一色一香無非中道，理具事造，兩重三千，同在一念。如一念一切諸念，亦復如是。如心法，一切佛法、及衆生法，亦復如是。

(三)圓教的觀行即

觀行即佛者，五品外凡位也。一隨喜，二讀誦，三講說，四兼行六度，五正行六度。圓伏五住煩惱，與別十信齊，而復大勝。

(四)圓教的相似即

相似即佛者，十信內凡位也，名與別十信同，而義大異。初信，任運先斷見惑，證位不退，與別初住、通見地、藏初果齊。二心至七心，任運斷思惑盡，與別七住、通已辦、藏四果齊，而復大勝，故永嘉云：「同除四住，此處為齊；若伏無明，三藏則劣也。」八心至十心，任運斷界內外塵沙，行四百由旬，證行不退，與別十向齊。

(五)圓教的分證即

分證即佛者，十住、十行、十向、十地、等覺聖位也；名亦同別，而義大異。

初住斷一分無明，證一分三德：正因理心發，名法身德；了因慧心發，名般若德；緣因善心發，名解脫德。

一心三觀，任運現前，具佛五眼，成一心三智，行五百由旬，初到寶所，初居實報淨土，亦復分證常寂光淨土。證念不退，無功用道。現身百界，八相作佛，與別初地齊。

二住至十住，與別十地齊；初行與別等覺齊；二行與別妙覺齊；三行已去，所有智斷，別教之人，不知名字。

（六）圓教的究竟即

究竟即佛者，妙覺極果，斷四十二品微細無明永盡，究竟登涅槃山頂，以虛空為座，成清淨法身，一一相好，等真法界。居上上品常寂光淨土，亦名上上品實報無障礙淨土。性修不二，理事平等。

（七）圓教的修證果位

此教名最上佛法，亦名無分別法，以界外滅諦為初門，當體即佛，而能接別、接通。接別者，上根十住被接，中根十行被接，下根十向被接。按位接，即成十信；勝進接，即登初住。接通已如通教中說。故曰：別教接賢不接聖，通教接聖不接賢。以別若登地，乃名為聖，證道同圓，不復論接。通八人上，便名為聖，方可受接，若乾慧、性地二賢，僅可稱轉入別圓，未得名接。若藏教，未入聖位，容有轉入通、別、圓義，已入聖後，保果不前，永無接義，直俟法華，方得會入圓耳。

（八）圓教的十法成乘

十法成乘者，一觀不思議境，其車高廣。二眞正發菩提心。又於其上，張設幰蓋。三善巧安心止觀。車內安置丹枕。四以圓三觀破三惑遍。其疾如風。五善識通塞。如車外枕，亦作軫。六調適無作道品、七科三十七分。有大白牛，肥壯多力等。七以藏通別等事相法門，助開圓理。又多僕從而侍衛之。八知次位，令不生增上慢。九能安忍，策進五品，而入十信。十離法愛，策於十信，令入十住，乃至等妙。乘是寶乘，遊於四方，直至道場。

上根觀境，即於境中，具足十法；中根從二，展轉至六，隨一一中，得具十法；下根須具用十也。

又復應知，說前三教，為防偏曲，文意所歸，正歸於此。

附錄二

圖表

（一）五時八教權實總圖

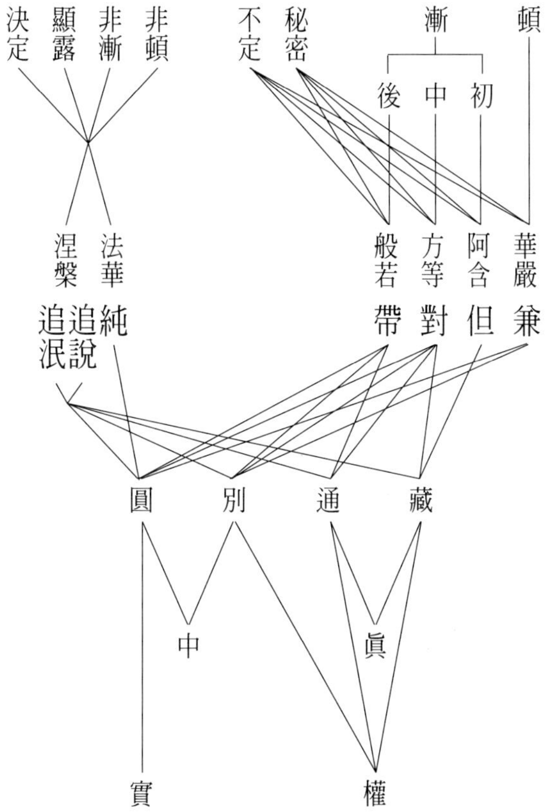

（二）摩訶止觀十章十境十乘關係圖

- 一 大意（五略）
  - 一 發心 —— 卷一
  - 二 修行（四種三昧）
  - 三 感果
  - 四 裂網
  - 五 歸處
  - （二至五）—— 卷二
- 二 釋名
- 三 體相
- 四 攝法
- 五 偏圓
- （二至五）—— 卷三
- 六 方便（二十五方便）—— 卷四

- 一 觀不思議境
- 二 眞正發菩提心
- 三 善巧安心
- （一至三）—— 卷五
- 四 破法遍
- 五 識通塞
- （四、五）—— 卷五及卷六

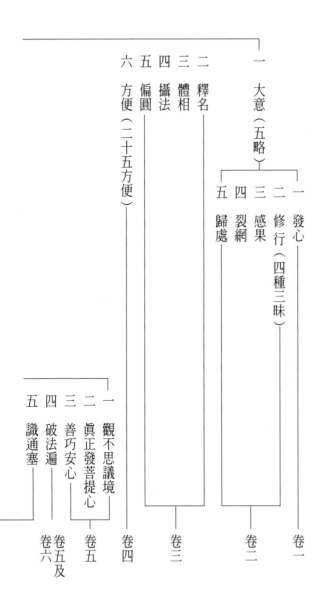

- 十大章（十廣）
  - 七 正修
    - 一 觀陰入界境（十乘觀法）
      - 六 道品調適
      - 七 對治助開
      - 八 知次位
      - 九 能安忍
      - 十 離法愛 —— 卷七
    - 二 觀煩惱境（十乘觀法）
    - 三 觀病患境（十乘觀法）
    - 四 觀業相境（十乘觀法）
    - 五 觀魔事境（十乘觀法） —— （二至五）卷八
    - 六 觀禪定境（十乘觀法） —— 卷九
    - 七 觀諸見境（十乘觀法） —— 卷十
    - 八 觀上慢境（十乘觀法）
    - 九 觀二乘境（十乘觀法）
    - 十 觀菩薩境（十乘觀法）
  - 八 果報
  - 九 起教
  - 十 旨歸 —— （正修八至十，及果報、起教、旨歸）不說

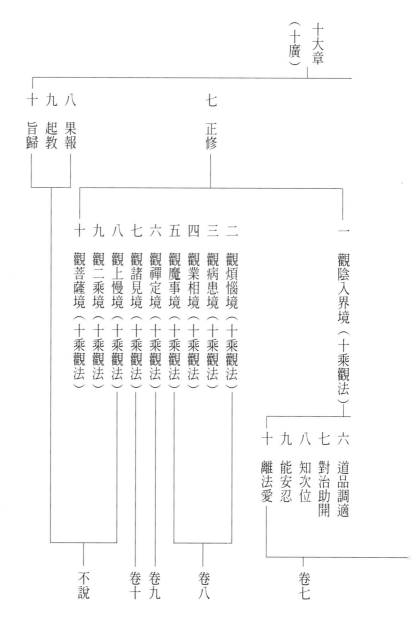

（三）見惑八十八使

欲界

道（八）　滅（七）　集（七）　苦（十）

疑　慢　癡　瞋　貪　邪見　戒取　見取　邊見　身見

（七）道　（六）滅　（六）集　（九）苦

上二界

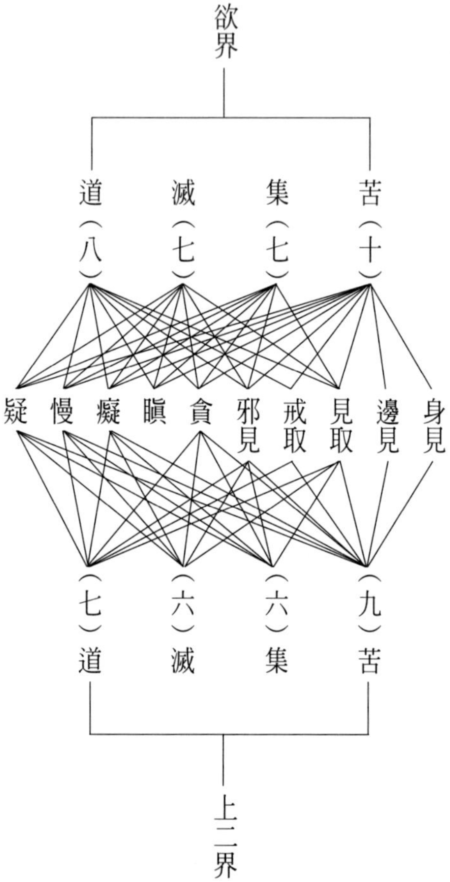

(四)三界八十一品思惑圖

十惑 → 三界 → 九地 → 八十一品

- 貪、瞋、癡、慢——欲界——五趣地
- 貪、癡、慢——色界
  - 離生喜樂地
  - 定生喜樂地
  - 離喜妙樂地
  - 捨念清淨地
- 貪、癡、慢——無色界
  - 空無邊處地
  - 識無邊處地
  - 無所有處地
  - 非想非非想處地

三界九地的每一地，各有自地的九品，九地即有八十一品。

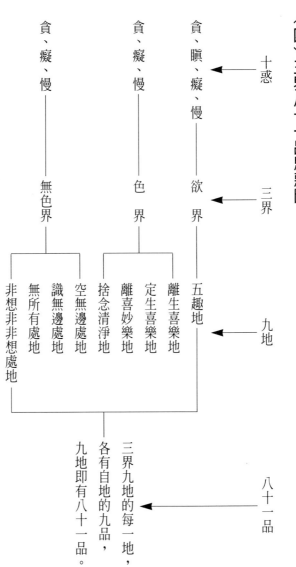

（五）三藏教聲聞之位次

- 凡位（七方便位）
  - 外凡（資糧位）（三賢）
    - 五停心
    - 別相念處
    - 總相念處
  - 內凡（加位行）（四善根）
    - 煖法
    - 頂法
    - 忍法
    - 世第一法
- 聖位
  - 見道 — 初果 — 須陀洹
  - 修道
    - 二果 — 斯陀含
    - 三果 — 阿那含
  - 無學道 — 四果 — 阿羅漢

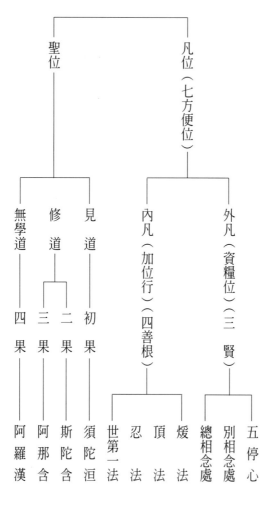

（六）三十七道品

- 一 四念處
  - 一 觀身不淨
  - 二 觀受是苦
  - 三 觀心無常
  - 四 觀法無我
- 二 四正勤
  - 一 未生惡令不生
  - 二 已生惡令滅
  - 三 未生善令生
  - 四 已生善令增長
- 三 四如意足
  - 一 欲
  - 二 念
  - 三 進
  - 四 慧
- 四 五根
  - 一 信
  - 二 進
  - 三 念
  - 四 定
  - 五 慧

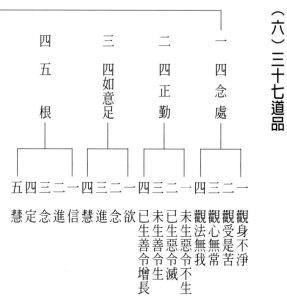

- 五　五力
  - 一信
  - 二進
  - 三念
  - 四定
  - 五慧
- 六　七覺支
  - 一念
  - 二擇
  - 三進
  - 四喜
  - 五輕安
  - 六定
  - 七捨
- 七　八正道
  - 一正見
  - 二正思惟
  - 三正語
  - 四正業
  - 五正命
  - 六正精進
  - 七正念
  - 八正定

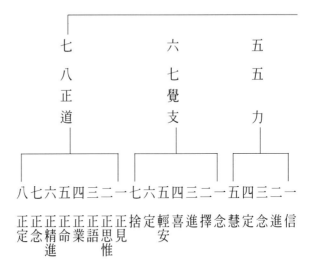

（七）通教三乘共十地

- 凡位
  - 外凡
    - 一　乾慧地
  - 內凡
    - 二　性　地
- 聖位
  - 三　八人地
  - 四　見　地
  - 五　薄　地
  - 六　離欲地
  - 七　已辦地
  - 八　支佛地
  - 九　菩薩地
  - 十　佛　地

	一	二	三	四	五	六	七	八	九	十
菩薩	―	―	―	―	―	―	―	―	―	―
緣覺	―	―	―	―	―	―	―	―		
聲聞	―	―	―	―	―	―	―			

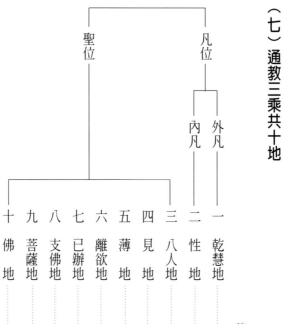

（八）三界・六道・二十五有（○印）

- 欲界（六趣）
  - 四惡趣○
    - 三惡道
      - 地獄
      - 畜生
      - 餓鬼
    - 修羅
  - 四洲○
    - 東弗婆提
    - 南閻浮提
    - 西瞿耶尼
    - 北鬱單越
    - （四洲）→ 人
  - 六欲天○
    - 四天王天
    - 忉利天
    - 夜摩天
    - 兜率天
    - 化樂天
    - 他化自在天

六道：地獄・畜生・餓鬼・修羅・人・……

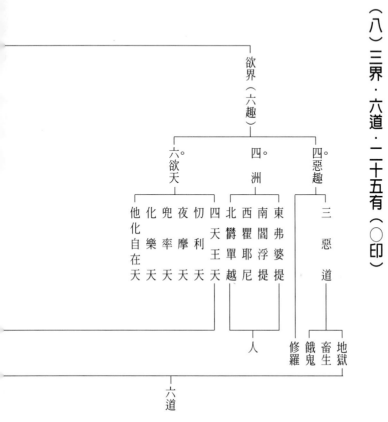

三界
- 色界（四禪）
  - 初禪
    - 梵眾天
    - 梵輔天
    - 大梵天
  - 二禪
    - 少光天
    - 無量光天
    - 光音天
  - 三禪
    - 少淨天
    - 無量淨天
    - 偏淨天
  - 四禪
    - 無雲天
    - 福生天
    - 廣果天
    - 無想天
    - 無煩天
    - 無熱天
    - 善見天
    - 善現天
    - 色究竟天
    - （無煩天至色究竟天：那含）
- 無色界（四空處）
  - 空處
  - 識處
  - 無所有處
  - 非想非非想處

（以上諸天：天）

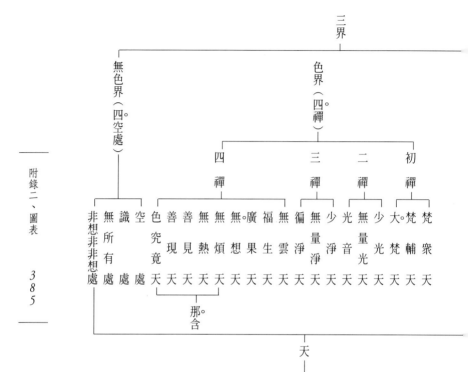

（九）五住地惑

- 枝末
  - 見惑 — 三界 — 見一處住地 — 入見道位所斷
  - 思惑
    - 欲界 — 欲愛住地
    - 色界 — 色愛住地
    - 無色界 — 有愛住地
    - （以上三住地）— 修道位所斷
- 根本 — 三界 — 無明住地 — 見修二道所斷

（十）別教五十二位

- 凡位
  - 外凡
    - 十信
  - 內凡
    - 十住（習種性）
    - 十行（性種性）
    - 十迴向（道種性）
- 聖位
  - 眞因
    - 十地（聖種性）
    - 等覺（等覺性）
  - 眞果
    - 妙覺（妙覺性）

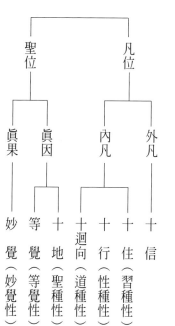

（十一）起信論及勝鬘經的如來藏對照圖

大乘起信論
四大鏡喻

如實空鏡 —— 空如來藏
因熏習鏡 —— 不空如來藏
（空如來藏、不空如來藏）—— 在纏如來藏

法出離鏡
緣熏習鏡
（法出離鏡、緣熏習鏡）—— 出纏如來藏

（在纏如來藏、出纏如來藏）——
勝鬘經
空不空
在纏出纏

（十二）圓教凡聖八位六即圖

聖位	妙覺	究竟即
	等覺	分證即
	十地	
	十迴向	
	十行	
	十住	
凡位	十信	相似即
	五品	觀行即
		名字即
		理即

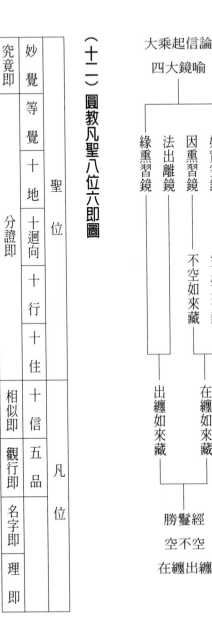

（十三）同除四住，此處為齊圖

四教行位除惑同異

圓教	別教	通教	藏教	斷惑	四住地
初信	初住	四見地	初果	三界見惑	見一處住地
二信	二住	五薄地	二果	欲界前六品思惑	欲愛住地
三信	三住	六離欲地	三果	欲界後三品思惑	
四信	四住	七已辦地	四果	見思盡	色愛住地、有愛住地
五信	五住	八支佛地	辟支佛	侵習氣	
六信	六住	九菩薩地	菩薩	伏界內塵沙	
七信	七住	十佛地	佛	正習俱斷	

四教同除四住地惑

唯有圓教圓伏第五無明住地惑，故云：若伏無明，三藏則劣。

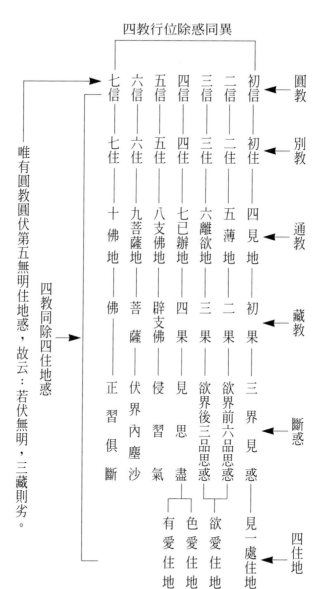

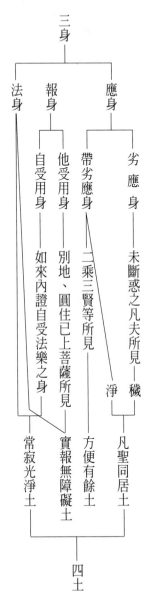

（十四）三身四土圖

三身		所見		四土
應身	劣應身	未斷惑之凡夫所見	穢	凡聖同居土
	帶劣應身		淨	凡聖同居土
	帶劣應身	二乘三賢等所見		方便有餘土
報身	他受用身	別地、圓住已上菩薩所見		實報無障礙土
	自受用身	如來內證自受法樂之身		常寂光淨土
法身				常寂光淨土、實報無障礙土

四土：凡聖同居土、方便有餘土、實報無障礙土、常寂光淨土

（十五）通教被別圓二教接入圖

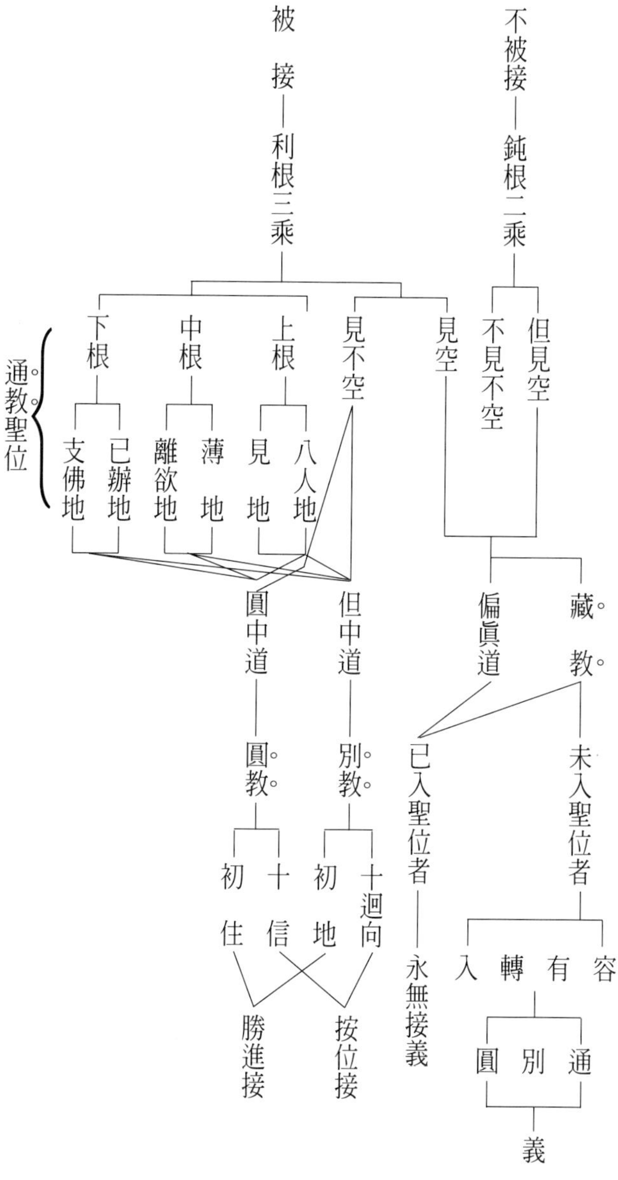

（十六）別教被圓教接入圖

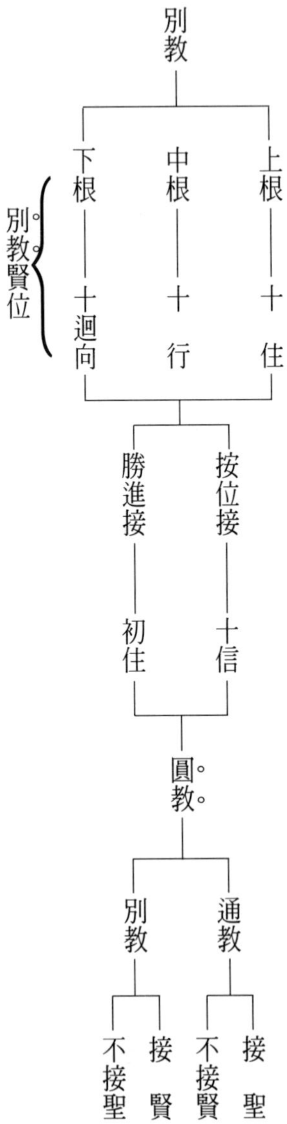

（十七）十法成乘圖

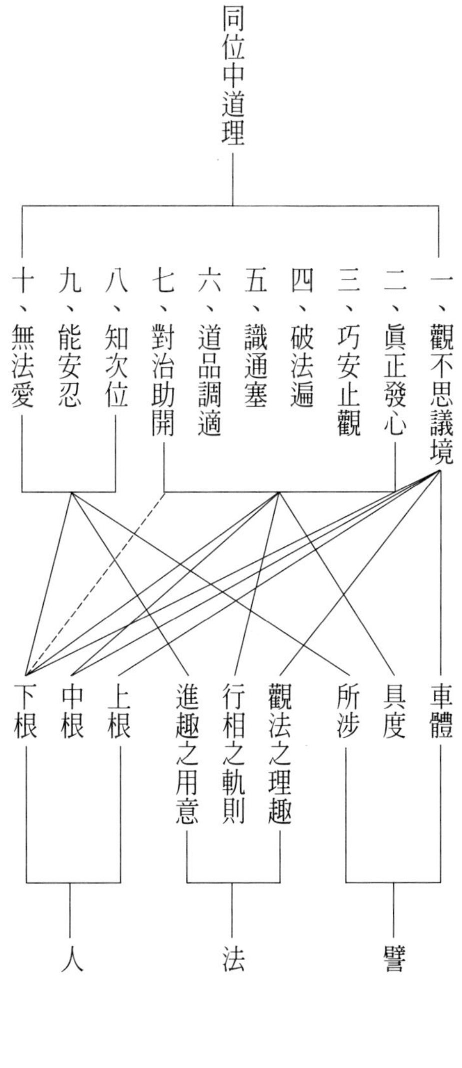
同位中道理
一、觀不思議境
二、眞正發心
三、巧安止觀
四、破法遍
五、識通塞
六、道品調適
七、對治助開
八、知次位
九、能安忍
十、無法愛
車體
具度
所涉
觀法之理趣
行相之軌則
進趣之用意
上根
中根
下根
譬
法
人

（十八）四教行位斷證對照圖

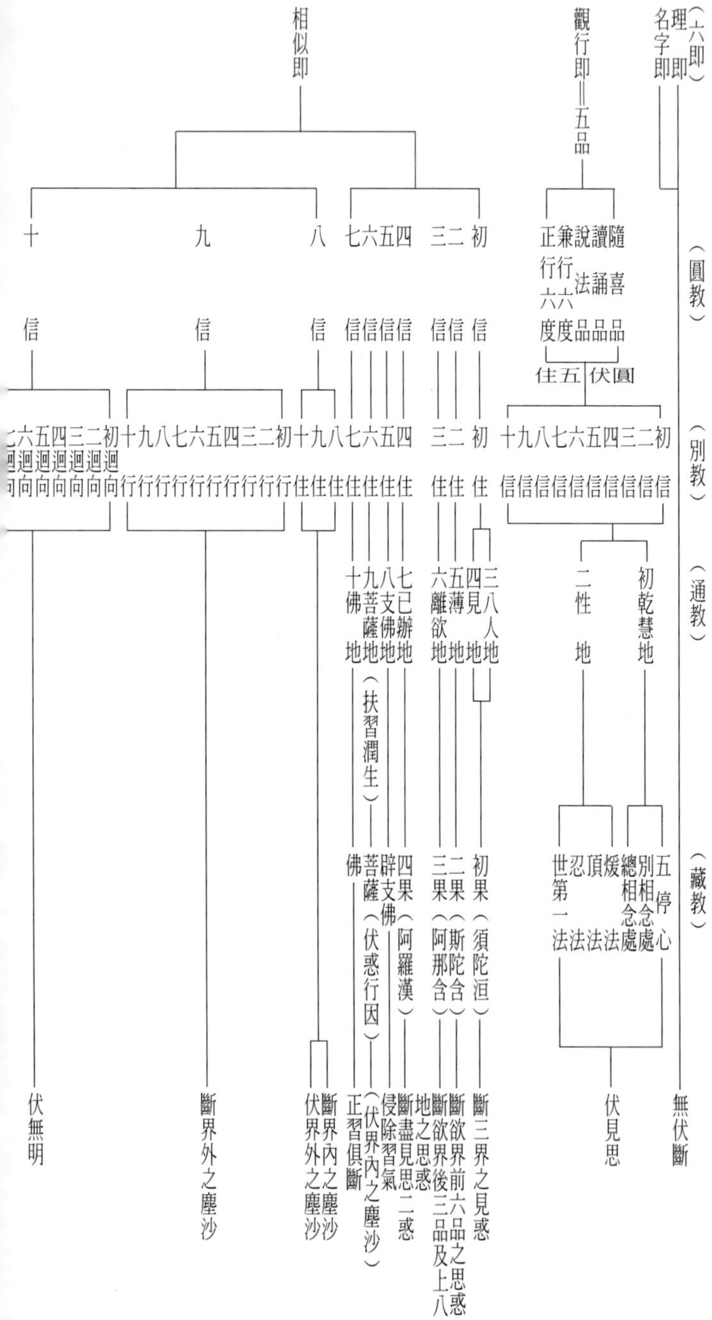

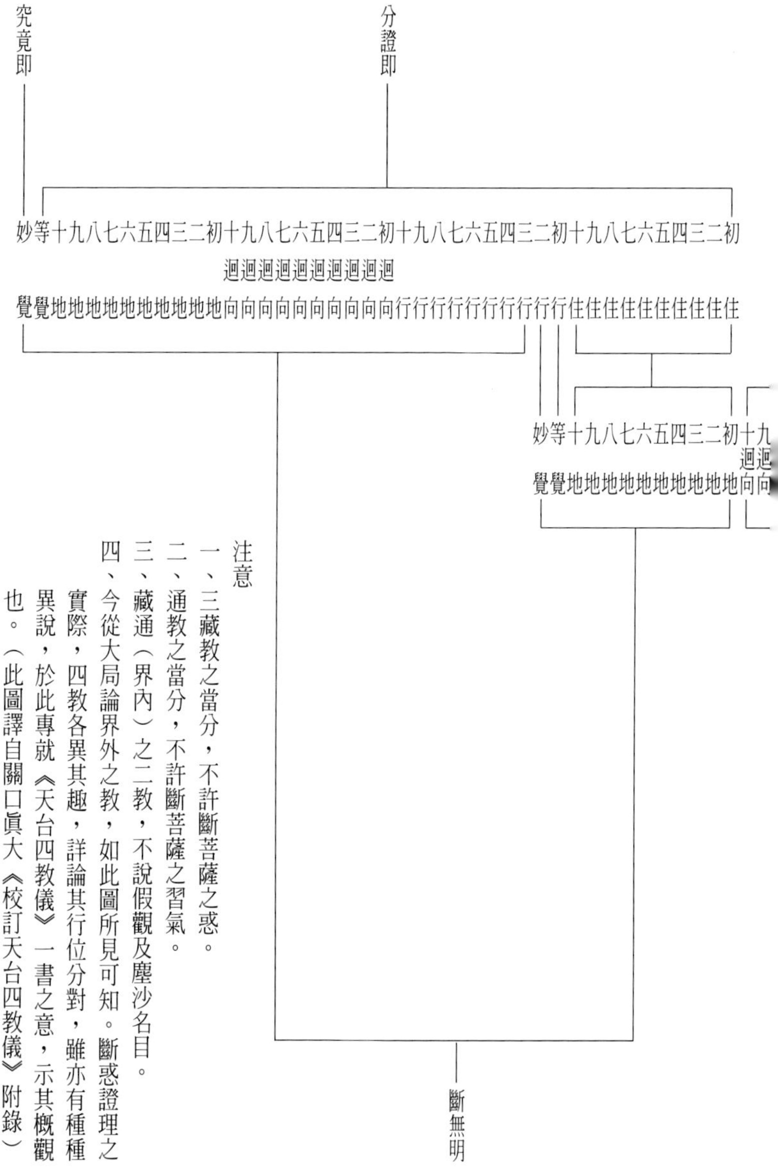

注意

一、三藏教之當分，不許斷菩薩之惑。

二、通教之當分，不許斷菩薩之習氣。

三、藏通（界內）之二教，不說假觀及塵沙名目。

四、今從大局論界外之教，如此圖所見可知。斷惑證理之實際，四教各異其趣，詳論其行位分對，雖亦有種種異說，於此專就《天台四教儀》一書之意，示其概觀也。（此圖譯自關口眞大《校訂天台四教儀》附錄）

附錄三

索引

教觀綱宗貫註索引

二畫

一畫

三畫

四畫

五畫

六畫

八畫

九畫

十畫

十二畫

十三畫

十四畫

十五畫

十七畫

十六畫

十八畫

二十一畫

十九畫

二十畫

大智慧系列 1

禪的智慧

與聖嚴法師心靈對話

聖嚴法師 著

單德興　譯

聖嚴法師與西方弟子最精采的心靈對談。

定價 320 元

本書是聖嚴法師於紐約東初禪寺，與西方禪修者的對話集，共收錄三十八篇問答，每篇皆緊扣現代人關心而且與佛法相關的議題，例如：佛教的死亡觀、禪與心理治療、修行與家庭責任，以及打坐常碰到的禪病…等等。聖嚴法師在本書的自序中也將這樣的問答方式比喻成叩鐘，隨著西方人敏感而深刻的提問角度，聖嚴法師的解答方式也不同，就像敲鐘的力道不同，回應的鐘聲也不同，也讓我們清晰地感受到漢傳佛教的代表性宗師—聖嚴法師的真情與幽默。

大智慧系列 2

答案

與達賴喇嘛心靈對話

聖嚴法師 著

貝瑪秋頓 譯

達賴喇嘛在印度聖地最動人的心靈開示。

定價 150 元

本書主要收錄藏傳佛教的心靈導師——達賴喇嘛於北印度的菩提加耶，與西方佛教徒之間的對答語錄。透過西方人不迷信權威且實事求是的態度，並以科學的角度向喇嘛提出有關修行與人生的疑惑，為您解開生命的答案。有別於達賴喇嘛一般以傳記為主的書籍，《答案》一書除了能讓您體驗達賴喇嘛的慈悲與智慧，更是一部能夠打破人與人之間隔閡的作品！您絕對不能錯過！

智慧海系列 43

聖嚴法師教觀音法門

聖嚴法師 口述

梁寒衣 整理

帶領您觀心、觀音、觀自在。

定價 160 元

所謂「家家彌陀，戶戶觀音」，許多人只要一遭逢危難，即自然持誦觀世音菩薩的聖號。許多人更認她為另一個母親，成為觀音媽的「契子」以保平安。正因為觀音如母親般親切慈愛的形象，而成了與台灣民間最親近的菩薩。但是，您知道民間流傳的《心經》、《大悲咒》，其實也是觀音法門之一！您或許有持誦過，但是您對觀音法門認識了多少？瞭解了多少？在本書中，聖嚴法師將由淺入深地解說，更透過作家梁寒衣女士的筆觸，帶您領略觀音之美。

套書系列 11

禪修精華

聖嚴法師 著

循序漸進教您禪修方法。

全套七冊　特價 1490 元

本套書整理聖嚴法師禪修著作，將之系統摘要，次第編輯，分為五大部：(一) 入門；(二) 觀念；(三) 法脈；(四) 方法；(五) 活用，其中方法又分：1 公案．話頭 2 默照 3 五停心 • 四念處。總共七冊菁華並附有索引工具，由此可再進一步研讀法師禪修原作品。閱讀本套書可以對禪宗建立完整、正確的認識，並可依循次第，作深入安全的修行與探源。

經典學院系列

金剛經如是說

聖嚴法師 主講

去執掃相最徹底的經典。

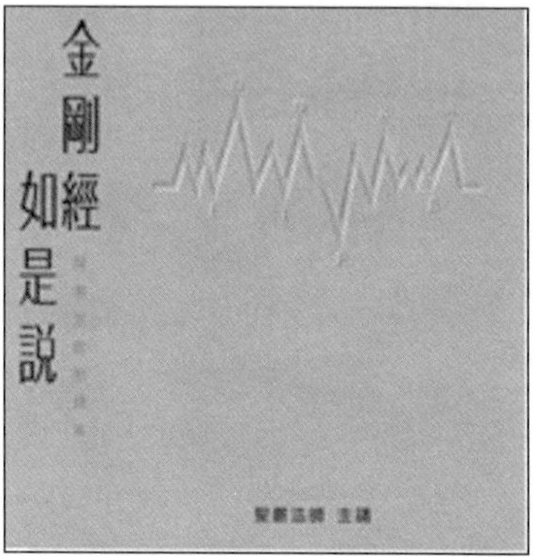

3CD 定價 300 元

「一切有為法，如夢幻泡影，如露亦如電，應做如是觀。」傳誦千古名偈即出自《金剛經》。常以經中偈語觀照人我，即使逆境紛擾，也無一不是清涼安住地。

「經典學院」系列講經 CD（聖嚴法師　主講）

《心經生活》	(3CD　定價 300 元)
《觀世音菩薩普門品》	(3CD　定價 300 元)
《金剛經生活》	(8CD　定價 700 元)
《維摩經生活》	(12CD　定價 1000 元)
《妙法蓮華經》	(30CD　定價 2500 元)
《心經觀自在》	(3CD　首刷特惠價 250 元)
《金剛經如是說》	(3CD　定價 300 元)
《佛說阿彌陀經》	(3CD　定價 300 元)
《四十二章經》	(3CD　定價 300 元)
《法華經的人生智慧》 《法華經的淨土思想》	(12CD　定價 1000 元)

— 相關系列陸續出版中

國家圖書館出版品預行編目資料

天台心鑰：教觀綱宗貫註／聖嚴法師著.
--初版.-- 臺北市：法鼓文化，2002[民91]
面； 公分. -- (現代經典；7)
含索引
ISBN 957-598-211-8(平裝)
1.天台宗－宗典及其釋
226.42 91001615

現代經典 7

天台心鑰——教觀綱宗貫註

法鼓文化

著者／聖嚴法師
出版者／法鼓文化事業股份有限公司
編輯總監／釋果賢
主編／陳重光
責任編輯／賴月英
封面設計／李男
地址／台北市北投區公館路186號5樓
電話／(02)2893-4646 傳真／(02)2896-0731
網址／http://www.ddc.com.tw
E-mail／market@ddc.com.tw
修訂版一刷／2003年9月
修訂版四刷／2011年12月
建議售價／新台幣420元
郵撥帳號／50013371
戶名／財團法人法鼓山文教基金會－法鼓文化
北美經銷處／紐約東初禪寺
Chan Meditation Center(New York,USA)
Tel／(718)592-6593 Fax／(718)592-0717